Magdalene Furch

Wenn Sehnsucht zur Sucht wird

Den Kreislauf von Abhängigkeit
durchbrechen

W0078501

Magdalene Furch

Wenn Sehnsucht zur Sucht wird

Den Kreislauf von Abhängigkeiten
durchbrechen

SCHULTE & GERTH

© 2003 Gerth Medien GmbH, Asslar
Best.-Nr. 815 880
ISBN 3-89437-880-8
1. Auflage 2003
Umschlaggestaltung: Ursula Stephan
Titelfoto: GettyImages/stone
Satz: Typostudio Rücker
Druck und Verarbeitung: Ebner & Spiegel, Ulm
Printed in Germany

Inhalt

Was wir heute mit dem Begriff Drogenszene umschreiben, ist Ausdruck unbefriedigter Sehnsucht nach einem verlorenen Paradies und eine bewusste Verweigerung jener Schritte ins Leben, die Verzicht fordern, Ernüchterung und Abschied von kindlichen Phantasien verlangen und zu einem festen Entschluss der Verantwortung für die Zukunft aufrufen.

Tobias Brocher: Zwischen Angst und Übermut, Kreuz Verlag, 1985 (S. 132)

Vorwort

In den letzten Jahren sprechen mich nach meinen Vorträgen zunehmend Mütter an und suchen Rat, weil die Sucht eines ihrer Kinder die Familie völlig aus dem Gleichgewicht bringt. Zunächst erschien ihnen alles nicht so schlimm, ein bisschen Haschisch hier, ein paar Aufputschpillen da oder, im Fall von Magersucht, das Kalorienzählen der Tochter – das gehört heute irgendwie dazu, so hatten sie gemeint. Aber zum Zeitpunkt unseres Gespräches war ihnen längst klar geworden: Mein Sohn, meine Tochter ist süchtig und diese Sucht zerstört unsere Ehe und unsere Familie.

Sucht ist das große Problem unserer Zeit und betrifft mittlerweile alle Bevölkerungsschichten. Alkohol und Drogen sind uns als Suchtmittel zwar schon lange bekannt, doch die meisten Menschen waren sich immer recht sicher: Uns persönlich betrifft das nicht. Aber das hat sich radikal geändert, seitdem suchthaftes Leben zum neuen, *freien* Lebensstil geworden ist. Der Psychologe und Autor Werner Gross spricht sogar von einer *Versüchtelung* unserer Gesellschaft. Er vermutet, dass sich viele Menschen im Vorstadium der Versüchtelung befinden und irgendwann anlässlich einer Krise, wie sie jedem Menschen mindestens einmal im Leben unweigerlich ins Haus steht, in eine handfeste Sucht geraten, die sich in Nikotinsucht, Esssucht, Magersucht, Kaufsucht, Sammelsucht, Sexsucht, Fernsehsucht, Onlinesucht, Sucht nach Extremsportarten und noch manchem mehr äußern kann. Man gewinnt den Eindruck, dass sich alles, was man tun oder lassen kann, als Suchtmittel eignet. Suchtmittel scheinen im wahrsten Sinne des Wortes *notwendig* zu sein – eine Not wenden zu müssen –, um dieses freie Leben überhaupt aushalten zu können. Dabei ist der Mensch nicht süchtig nach oder abhängig von den Tätigkeiten, sondern von den Gefühlen, die sie auslösen. Denn ohne diese Tätigkeiten treten eine unerträgliche Leere und Sinnlosigkeitsgefühle auf.

Vor nicht allzu langer Zeit tauchte interessanterweise bei uns der Begriff *Workaholic* auf, der deutlich macht, dass auch das Arbeiten zu einer Sucht werden kann. Aber vielleicht sollte man diese Form der Abhängigkeit besser *Erfolgssucht* oder *Bestätigungssucht* nennen, denn dies steckt meistens hinter einem solchen Verhalten.

Sollte dieses Freiheitsideal, das wir uns selbst zurechtgelegt haben, etwa doch nicht so ideal sein? Sollte in uns allen vielleicht doch eine tiefe Sehnsucht nach Bindung, nach Sicherheit, nach Verbindlichkeit stecken? Ich selbst bin davon fest überzeugt und hoffe, dies auch Ihnen mit diesem Büchlein weitergeben zu können. Gleichzeitig möchte ich Ihnen eine Hilfe an die Hand geben, wie Sie Schritt für Schritt eine neue, wirklich freie Lebenshaltung *ein-nehmen* können, Ihr eigenes Leben in die Hand zu nehmen, um nicht länger gelebt zu werden, wie es in einem suchthaften Leben der Fall ist.

Ich werde häufig von Elternkreisen in Schulen und Kindergärten zu Vorträgen zum Thema Suchtprävention eingeladen. Diese Eltern wollen also wissen, was sie tun können, um ihre Kinder gegenüber Suchtangeboten stark zu machen. Nicht immer sind sie begeistert von dem, was ich zu sagen habe, und vielleicht werden auch Sie sich über manche Aussage ärgern. Vielleicht sperren Sie sich dagegen, weil es schmerzlich ist, von einer lieb gewordenen Idee, einem Freiheitsideal, einem hochstilisierten

Menschenbild Abschied zu nehmen – von dem Bild des freien, souveränen Menschen, der von sich aus gut ist und sinnvoll lebt.

Diese *Ent-täuschung*, diese Aufdeckung Ihrer eigenen Täuschung, kann ich Ihnen nicht ersparen. Vielmehr sehe ich es als meine Pflicht, Ihnen das, was ich in 30-jähriger Erfahrung als Psychotherapeutin *wahr-genommen*, also als Wahrheit erkannt habe, mitzuteilen. Ich tue dies jedoch nicht vom hohen Ross aus, denn all die schmerzlichen Erkenntnisprozesse, die ich Ihnen zumute, habe ich selbst durchlaufen. Auch ich war davon überzeugt, dass ich besser, freier, verantwortungsvoller und sinnvoller würde leben können, wenn ich erst einmal die Gängeleien, Vorschriften und Einengungen meines Elternhauses und meiner Kirchengemeinde los wäre. Ich wollte wirklich verantwortungsvoll und sinnvoll leben. Mein eigenes Scheitern, meine eigene *Ent-täuschung*, hat mich gezwungen, bescheiden zu werden und meine Grenzen zu erkennen. Aber es hat mir schließlich auch ermöglicht, dass ich andere Menschen an meinen Erfahrungen teilhaben lassen kann – fast 30 Jahre als Therapeutin und nun, indem ich schreibe.

Einleitung:
Hinter jeder Sucht steckt eine irregeleitete Sehnsucht

„Hinter jeder Sucht steckt eine irregeleitete Sehnsucht." Dieser Satz ist die Zusammenfassung der 30-jährigen Erfahrung aus meiner Arbeit mit suchthaft lebenden Menschen. Das sind Menschen wie Sie und ich. Ich spreche hier also nicht von Heroinabhängigen und Alkoholikern, die in der Gosse liegen oder am Kiosk herumhängen, oder gar von Spielsüchtigen, die schon mehrere hunderttausend Euro auf der Spielbank gelassen haben. Ich spreche auch nicht von Menschen, deren ganzes Denken und Handeln sich nur darum dreht, irgendeine Form der heute modernen Suchtmittel in die Hand zu bekommen, und die dafür stehlen und sich prostituieren. Zwar glaube ich, dass alles, was ich Ihnen in diesem Büchlein noch erzählen möchte, auch für diese Menschen Gültigkeit hat, und dass der oben geschriebene Satz auch auf sie zutrifft. Ich glaube aber auch, dass solchen Menschen, die so weit von der Sucht beeinflusst werden, dass ihr ganzes Leben davon bestimmt wird, mit dem Lesen eines Büchleins nicht sehr geholfen ist. Solche Menschen müssen in aller Regel eine mehrere Monate dauernde Therapie bei einem erfahrenen Sucht-Therapeuten machen. Dennoch habe ich die Hoffnung, dass dieses Büchlein auch für sie ein Anstoß sein kann. Ein erster Schritt für süchtige Menschen, vielleicht den Entschluss zu fassen, sich in eine solche Therapie zu begeben.

Wenn man auf eine so lange berufliche Tätigkeit zurückblicken kann wie ich, kann man über die Jahre hinweg bestimmte Trends und Veränderungen beobachten. Eine traurige Tatsache, die mir deutlich geworden ist, ist die, dass insbesondere in den letzten zehn bis fünfzehn Jahren immer weniger Menschen ihre Sehnsüchte kennen und benennen können. Wenn ich aber überhaupt nicht weiß, was mich erfüllen, was diese entsetzliche Leere in mir ausfüllen könnte, dann kann ich mich auch nicht darum bemühen. Dann ist da nur der Zustand: null Bock auf nichts. Oder anders gesagt: Ich bin also wunschlos unglücklich. Wenn ich keine Ahnung davon habe, dass es ein sinnvolles Leben gibt, dass es höchst befriedigend ist, eine sinnvolle Aufgabe erfüllt zu haben, dass ich mich dann wertvoll fühle, dass Freude und echter Stolz mich erfüllen, dann werde ich mich weigern, die Unannehmlichkeiten, Anstrengungen, Ängste oder andere unangenehme Gefühle in Kauf zu nehmen, die nun einmal ganz normale Begleiterscheinungen der Bewältigung sinnvoller Aufgaben sind. Solche Menschen verhalten und fühlen sich wie Kinder, die noch nicht wissen, wozu sie Rechenaufgaben lösen oder Vokabeln lernen sollen und sich davor drücken. Deshalb sind immer weniger Menschen bereit, Spannungen auszuhalten und Verantwortung für ihr eigenes Leben zu übernehmen. Außerdem ist mir bewusst geworden, dass immer mehr Menschen suchthaft leben.

Die Menschen, die zu mir kamen und psychotherapeutische Hilfe suchten – meist sogar im stationären Rahmen –, kamen wegen unterschiedlicher Symptome: Angsterkrankungen, Beziehungsstörungen, Arbeitsstörungen, Depressionen und auch mit Anzeichen von suchthaftem Leben. Alle diese Menschen hatten eines gemeinsam: Sie hatten aufgehört, ausschließlich die

Umwelt, die Eltern, die Gesellschaft, den Arbeitgeber, schlechte Lehrer, böse Freunde ... für ihre Schwierigkeiten verantwortlich zu machen. Sie waren mehr oder weniger bereit, sich selbst in Frage zu stellen und endlich Verantwortung dafür zu übernehmen, dass etwas in ihrem Leben geändert werden sollte. Sie waren also bereit, der Wahrheit ins Auge zu blicken und weder sich selbst noch anderen länger etwas vorzumachen. Diese Wahrheit bestand dann zum großen Teil darin, dass sie ihre *Ent-täuschungen* eingestanden, über ihre Sehnsüchte nachdachten und schließlich auch darüber zu sprechen begannen. Sie empfanden Sehnsucht nach guten Beziehungen, Sehnsucht nach innerer Zufriedenheit, nach Annahme und Anerkennung, nach einem gesunden Selbstbewusstsein und Sehnsucht danach, ein sinnvolles, zielorientiertes Leben führen zu können. Außerdem hatten sie Sehnsucht danach, mit anderen Menschen liebevoll umgehen zu können und auf ihre Fragen über das rein materialistische Leben hinaus Antworten zu finden. Sie hatten also Sehnsucht danach, mit sich und der Welt einigermaßen im Reinen zu sein.

Alle diese Sehnsüchte gehören zum Menschen. Sie sind überhaupt nicht verwerflich, sondern sehr menschlich. Schlimm an der Situation meiner Patienten waren also nicht die verschiedenen Sehnsüchte, schlimm war allein die Tatsache, dass sie selbst im Umgang mit diesen Sehnsüchten völlig hilflos waren. Dadurch hatten sich verschiedene Symptome herausgebildet und sie waren in eine Abhängigkeit geraten.

Was aber ist der Grund dafür?

Ich möchte Sie in diesem Buch auf zwei Verständnisebenen zu einer Antwort führen. In Teil 1 beschäftige ich mich hauptsächlich mit *psycho-logischen* Gegebenheiten, also damit, wie die seelische Entwicklung vom Beginn unseres Lebens im Mutterleib bis zur Sucht verlaufen kann. In Teil 2 bemühe ich mich um eine *theo-logische* Erklärung. Ich befasse mich also mit der Beziehung des Menschen zu Gott.

Teil 1
Eine psycho-logische Erklärung

Einführung

Um ein bisschen besser zu verstehen, wo all diese Sehnsüchte herkommen, wollen wir uns in diesem Kapitel mit einer Zeit unserer Existenz beschäftigen, an die wir keinerlei Erinnerung haben. Ich meine die Zeit vor unserer Geburt, die Zeit, in der wir im Mutterleib sicher geborgen waren. In diesen neun Monaten haben die meisten Menschen eine sehr sorgenfreie Zeit erlebt. Die Versorgung mit Nahrung rund um die Uhr war sichergestellt. Zwar mussten manche von ihnen mit etwas weniger Nahrung auskommen, weil ihre Mütter stark geraucht haben und die Gefäße, die die Nahrung von der Mutter zum Kind führen, dadurch verengt waren, aber auch diese Kinder sind in aller Regel in keine ernste Lebensbedrohung geraten.

Alle kleinen Babys sind in der Gebärmutter durch das Fruchtwasser, das jeden Stoß und Ruck auffängt, gut geschützt. Ich habe am Anfang meiner Zeit als Ärztin eine schwierige Geburt miterlebt, die deshalb schwierig war, weil die Mutter kurz vor dem Geburtstermin einen Autounfall gehabt und einen Beckenbruch erlitten hatte. Ihr Kind kam unverletzt zur Welt.

Durch die Bewegungen der Mutter wird das Kleine tagsüber sogar sanft geschaukelt. Alle, die kleine Kinder großgezogen haben, wissen, welch große Bedeutung das Wiegen für Kinder hat, wie beruhigend es wirkt, wie es ein Symbol für Beziehung darstellt. Ähnlich wirkt auch der Herzschlag der Mutter wie rhythmische Musik. Vielleicht haben deshalb heute so viele Menschen während ihres ganzen Tagesablaufs Kopfhörer auf den Ohren, die ihnen rhythmische Musik zuführen: Sie sind davon abhängig, weil sie ihren eigenen Lebensrhythmus noch nicht gefunden haben.

Im Mutterleib ist es außerdem stets wohl temperiert. Das heißt, das kleine Kind friert nicht und es schwitzt nicht. Ebenso wie grobe Stöße werden auch Lärm und andere unangenehme Geräusche gedämpft, das Ungeborene wird also auch davor geschützt. Es ist rundherum wohl versorgt.

Darüber hinaus werden keine Forderungen von außen an es herangetragen, denen es sich nicht gewachsen fühlt. Es bestehen keine gesellschaftlichen Zwänge, kein Leistungsdruck, keine Verantwortung. Das Baby wird nicht von Selbstzweifeln geplagt oder von Konflikten gequält. Es darf einfach nur sein – geborgen sein. Psychologen haben deshalb schon davon gesprochen, dass die Zeit in der Gebärmutter ein regelrecht paradiesischer Zustand sei.

Natürlich weiß ich, dass bei einigen – verhältnismäßig wenigen – die Schwangerschaft auch gestört ist. Seit langem vermuten Psychologen, dass das schwere Folgen für die seelische Entwicklung eines Menschen haben kann. Doch für unsere Überlegungen wollen wir diese außerordentlichen Bedingungen einmal außer Acht lassen. Wir wollen uns mit den Menschen beschäftigen – und die sind ja weitaus in der Mehrzahl –, bei denen die Bedingungen im Mutterleib, wie oben beschrieben, ideal waren.

Nach neun Monaten dieser schönen Zeit kommt dann das GEBURTSTRAUMA. Die Wehen drücken die Gebärmutter zusammen, diese übt Druck auf das Kind aus, es wird ausgetrieben (aus dem „Paradies vertrieben"). Es wird sehr eng im Geburtskanal. In diesem Zusammenhang möchte ich darauf hinweisen, dass unser Wort Angst von dem lateinischen Wort *angustiae* gleich „Enge" oder *angustus* gleich „eng" abgeleitet ist. Wenn das Kind dann schließlich, meist nach mehreren Stunden in dieser Enge, das Licht der Welt erblickt, muss es sofort ungefilterten Lärm ertragen. Zwar sind es bei einer normalen Geburt Freudenschreie, wenn das Kind endlich da ist, aber für das Kind sind diese *furcht-bar*, Furcht erregend, laut und unangenehm. Die meisten Neugeborenen scheinen außerdem entsetzlich zu frieren, denn sie schnattern. Und der erste Schrei, der natürlich auch etwas mit der Luftfüllung der Lunge zu tun hat, mündet meist in klägliches Weinen.

Nun hat die kontinuierliche Nahrungszufuhr aufgehört, verbunden damit stellen sich die ersten Hungergefühle ein und das kleine Kind muss auf Befriedigung warten. Verdauungsbeschwerden und Blähungen verursachen Schmerzen. Es gilt also von Anfang an, viele Spannungen auszuhalten und überdies werden von außen Erwartungen an das kleine Wesen herangetragen. Natürlich versteht es noch nicht, wenn die Mutter vielleicht seufzt: „Ach, wenn es doch mal eine Nacht, ein paar Stunden durchschlafen würde!" Aber es spürt diese Spannung.

Wenn zudem in seiner Umgebung Sorgen oder Streit herrschen, so trifft diese schlechte äußere Atmosphäre die Seele des Kindes mit ganzer Wucht, weil es noch keine *Seelenhaut* besitzt, es sein Inneres also noch nicht gegen äußere Einflüsse abschirmen kann. Verglichen mit den paradiesischen Zuständen im Mutterleib ist dieses Leben außerhalb desselben enttäuschend, anstrengend und Angst machend. Es ist zwischen den Phasen, in denen es frisch gestillt, trocken, zufrieden und glücklich im Arm seiner Mutter liegt, immer wieder frustriert. So ist es kein Wunder, dass jeder kleine Mensch zunächst einmal ohne eigenes Dazutun die *Paradies-Bedingungen* wiederhaben will. Der Säugling will deshalb am liebsten an Mamas Brust liegen, denn das kommt dem Paradies am nächsten. Er weiß nichts davon, dass er erwachsen wird, und er hat noch keine Ahnung von seinen eigenen Fähigkeiten, die sich entwickeln wollen und müssen.

Es ist also natürlich, dass ein Säugling es als eine Zumutung empfindet, dass er auf dieses Paradies verzichten soll. Deshalb ist es von unserem Schöpfer so schon gut eingerichtet, dass alle lebensnotwendigen Tätigkeiten unwillkürlich – also unabhängig von unserem Willen – funktionieren: Atmung, Kreislauf, auch das Saugen geschieht unwillkürlich, sonst würden vermutlich nur wenige Menschen die ersten frustrierenden Lebenstage überleben. Sehnsucht danach, all diese Frustration los zu werden, ist also normal. Und dass ein Säugling zunächst den Anspruch hat, dass all diese Sehnsucht ohne sein eigenes Dazutun gestillt wird, ist ebenso normal.

Nicht normal dagegen ist dieser Zustand bei einem erwachsenen Menschen. Und bei Menschen mit einem suchthaften Leben, die ich erlebt habe, war diese so genannte *passive Erwartungshaltung* noch im Erwachsenenalter sehr ausgeprägt. Nicht, weil diese Menschen dümmer waren als andere oder fauler oder gar schlechter, sondern weil sie im Kleinkindalter nicht satt werden konnten an Liebe und weil sie nicht lernen konnten, mit sich selbst liebevoll umzugehen und für sich selbst Verantwortung zu übernehmen. Menschen, die nicht ausreichend echte Liebe bekommen haben, können weder sich selbst noch andere Menschen lieben. Sie sind nicht liebesfähig, sondern nur „verliebtheitsfähig".

Verliebtheit meint aber niemals den Menschen, wie er ist, sondern ein Traumbild, ein Trugbild, ein Wunschbild des Menschen (auch von sich selbst), in den jemand verliebt ist. So kann Verliebtheit den wirklichen Menschen nie innerlich satt machen. Es bleibt also Hunger nach echter Liebe bestehen: Wenn man aber echte Liebe kaum kennen gelernt hat, sondern nur Verliebtheit (der Volksmund sagt auch Affenliebe dazu), dann sucht man natürlich seine Sättigung in immer mehr von dem, was man kennt. Und das führt schließlich zu den Beziehungssüchten, zum Beispiel zu Sexsucht.

Bei einem kleinen Menschen kommt es nun darauf an, dass er nach der Vertreibung aus dem Paradies des Mutterleibes immer mehr lernt, mit dieser Sehnsucht, diesem Hunger nach Harmonie in Beziehungen, nach Geborgenheit, nach dem Gefühl, zu Hause zu sein, verstanden zu werden ..., eigenverantwortlich umzugehen. Es ist also *not-wendig*, dass er diese passive (passiv = leidend!) Erwartungshaltung aufgibt, ja dass er diese Sehnsucht als Antrieb für eine aktive Gestaltung seines Lebens in dem Spannungsfeld zwischen Sehnsucht und Lebensrealität verstehen lernt.

Ich möchte an dieser Stelle darauf hinweisen, dass dann das Leben spannend wird und das – zunächst als unerträglich erlebte – Spannungsfeld mehr und mehr zum Spielraum wird. Ich bin fest davon überzeugt, dass die *Null-Bock*-Einstellung genau das Verhaftetsein in dieser passiven Erwartungshaltung ist und die Unfähigkeit zeigt, das persönliche Leben eigenverantwortlich spannend zu gestalten. *Null Bock* ist also schon ein Alarmsignal und sollte keinesfalls, wie es in unserer Gesellschaft geschieht, verharmlost werden. *Null Bock* darf auch nicht in der Weise beantwortet werden, dass die Umwelt alle möglichen äußeren Anstrengungen übernimmt, um den *Null-Bock*-Menschen zu motivieren. Es dürfen ihm nicht alle möglichen Ablenkungsangebote gemacht werden, die er am Ende doch nur wieder fallen lässt.

Dies geschieht zum Beispiel, indem immer mehr und *pädagogisch wertvolleres* Spielzeug angeschafft wird und indem die Außenreize durch Computerspiele und das Fernsehen ständig stärker werden. Hierzu zwei Beispiele: Die Schule entwirft ständig immer wieder neue hochinteressante Animationsprogramme, damit die Schüler nicht schwänzen und Kirchengemeinden glauben nun, in der Kinder- und Jugendarbeit ein ähnliches Animationsprogramm veranstalten zu müssen.

Doch all diese Maßnahmen verstärken die Unfähigkeit, die sich hinter der *Null-Bock*-Haltung versteckt, nur noch mehr. Das heißt, sie machen den Menschen immer unfähiger, mit dem Leben, so wie es ist, also mit der Realität im Leben, eigenverantwortlich umzugehen. Zudem verstärken sie auch die passive Erwartungshaltung und den Anspruch, alle Befriedigungen von außen zu erfahren, und sie führen dazu, dass derart irregeleitete Menschen glauben, einen Anspruch darauf zu haben, von außen total befriedigt zu werden. Deshalb reagieren sie entsprechend wütend, wenn dies nicht geschieht. Ausdrücke dieser Wut können wir, wenn wir wollen, jederzeit *wahr-nehmen*, zum Beispiel an besprühten Häuserwänden, an Zerstörungen in öffentlichen Verkehrsmitteln, bei verschiedenen kleinen und großen gewalttätigen Demonstrationen und in der modernen Musik.

Ebenso wird diese Wut in den Taten einzelner, ohnmächtig wütender junger Menschen wie in der Erfurter Schule deutlich. Dort hat ein junger Mann mit einer solchen ohnmächtigen Wut, ja einer *Mords-Wut* im Bauch, mehrere Menschen erschossen. Diese ohnmächtige Wut ist das Ergebnis einer massiven *Ent-täuschung*. Und die Verantwortlichen, die solche Menschen über den Umgang mit der wahren Lebensrealität getäuscht haben, sind in der Regel Eltern, Erzieher, Gemeinden und andere.

Warum aber wird ein solcher Mensch von anderen Menschen seiner Umgebung getäuscht? Meist geschieht dies unter der Vorgabe: „Mein Kind soll es einmal besser haben. Ich möchte ihm doch, so lange es geht, die unangenehmen Gefühle ersparen. Es soll sich nie klein und gedemütigt vorkommen; es soll nie Zweifel an meiner Liebe haben und es soll ein selbstbewusster junger Mensch werden." Dabei wird oft Rücksichtslosigkeit mit Selbstbewusstsein verwechselt.

Ich möchte Ihnen im Folgenden einige Fähigkeiten, die ein junger Mensch durch Erziehung erwerben muss, vor Augen führen. Fähigkeiten, ohne die ein Mensch unweigerlich am realen Leben scheitert und schließlich als *Not-Lösung* in eine Abhängigkeit geraten wird.

Fähigkeiten, die zu einem selbstständigen Leben *Not-wendig* sind

Die im Folgenden aufgeführten Fähigkeiten bilden keine Rangordnung und sie sind sicher auch nicht vollständig. Es sind jedoch die Fähigkeiten, deren Fehlen mir regelmäßig bei meinen Patienten als Mangel aufgefallen ist.

Die Fähigkeit, Freude an der eigenen Anstrengung und Stolz über erbrachte Leistungen zu empfinden

Immer wieder höre ich, dass Kinder vor einer Arbeit lautstark behaupten, sie hätten vorher überhaupt nicht geübt, weil man offensichtlich mit dem Prahlen, faul zu sein, die Anerkennung seiner Mitschüler erntet. Wohingegen jemand, der regelmäßig seine Hausaufgaben macht und sich aktiv am Unterricht beteiligt, als Streber verschrien wird. Auch wenn in Zeitungen oder in Gesprächen von *unserer Leistungsgesellschaft* gesprochen wird, habe ich oft den Eindruck, dass dies kein anerkennendes Wort ist, sondern eher ein abwertendes, ein Schimpfwort. Ebenso erfährt ein Mensch, wenn er als leistungsorientiert bezeichnet wird, oft eine Abwertung, als würde die Tatsache, dass er etwas leistet, automatisch andere Fähigkeiten – zum Beispiel Lebensfreude – vermindern oder verhindern.

Mit diesen Beispielen möchte ich auf eine erhebliche Fehleinstellung hinweisen, die in unserer Gesellschaft bezüglich der Anforderung des Lebens besteht, dass der Mensch persönlich etwas leisten darf und muss. Dabei kommen wir eigentlich alle leistungsfreudig und leistungswillig zur Welt. Jedes kleine Kind möchte gerne mithelfen. Meine vierjährige Enkeltochter wollte in unserem Urlaub zu jeder Mahlzeit den Tisch decken. Das hat natürlich erheblich länger gedauert und war oft unvollständiger, als wenn ich es selbst getan hätte. Doch ihr frohes: „Oma, ich deck den Tisch ganz alleine, ich helfe", und das Glück und der Stolz in ihren Augen, wenn sie den anderen mitteilte: „Ich hab den Tisch gedeckt, ich hab der Oma geholfen", waren doch so viel mehr wert, als die in Kauf zu nehmenden Mängel. Aber es ist ja nun mal leider nicht alle Tage Urlaub und die meisten Eltern kennen die kleinen Kämpfe, wenn Kinder etwas alleine machen wollen, was den Erwachsenen sehr viel Geduld abfordert. Wie also kommt es zu der Leistungsverachtung und Leistungsunwilligkeit?

Säuglinge und Kleinkinder greifen, sie *be-greifen* die Welt. Dabei bewegen sie sich zunächst unbewusst, später dann zielgerichtet. Sie versuchen immer wieder sich herumzuwälzen, zu krabbeln und sich aufzurichten. Und schon in diesen kleinen Situationen beginnt oft das Unglück seinen Lauf zu nehmen. Wir wollen unseren Kleinen doch so gerne helfen und ihnen die mühseligen Fehlversuche ersparen. Deshalb heben wir sie nur zu gerne hoch, wenn sie sich selber aufrichten wollen. Wir stellen ihnen alle möglichen Hilfen zur Verfügung, um ihnen das mühselige Krabbeln und Gehenlernen zu erleichtern. Zunächst wehren sich die Kinder noch gegen solche Eingriffe von außen, aber schließlich lassen sie sich doch verführen.

Natürlich freuen sich Kinder darüber, wenn man sich ihnen hilfreich zuwendet. In jeder Zuwendung steckt ja auch ein Beziehungsangebot. Aber diese Freude über die Zuwendung ist nichts gegen das Selbstbewusstsein, das aus den Augen eines Kindes strahlt, wenn es sich zum ersten Mal alleine mühevoll aufgerichtet hat, auf wackligen Beinchen steht – die Händchen fest um einen Halt geschlossen, noch schwankend, aber alleine aufrecht. Dieser Sieg über die vorherige Unfähigkeit, dieser Stolz über die eigene Leistung in den Augen eines kleinen Menschen drückt aus, was in der Seele dieses Kindes gewachsen ist, nämlich ein Stück Selbstachtung und Selbstbewusstsein. Deswegen behindern wir Kinder, wenn wir ihnen das Leben leicht machen wollen und ihnen voreilig helfen. Es braucht viel Geduld, Einfühlungsvermögen und Zurückhaltung, ein Kind dabei zu unterstützen, seine eigenen Fähigkeiten zu entwickeln. Man hätte es selbst viel schneller gemacht und sicher meistens auch besser – nach *unserem* Maßstab.

Ich empfinde es auch als einen Mangel, dass in unseren automatisierten Haushalten nur noch so wenig mit der Hand gemacht wird. Wir müssen uns ja richtig überlegen, wo wir Kinder helfen lassen können, wo wir miteinander etwas *Lebens-wichtiges* tun können, wo sie *das Leben begreifen* können. Dabei lieben Kinder das Mithelfen sehr, wie ich in den letzten Jahren immer wieder bei meinen Enkelkindern beobachten konnte. Außerdem ergeben sich in den Situationen, in denen man miteinander etwas tut, auch oft die besten Gespräche. So nebenbei erfährt man eine ganze Menge Dinge, die das Kind – egal in welchem Alter – bewegen. Die kleinen Seelen öffnen sich, es wächst ein Vertrauenskapital, das hilft, über zukünftige schwierige Zeiten hinwegzukommen.

Ich erinnere mich an eine Gruppenstunde, in der eine

junge Frau von ihrer Beziehung zu ihrer Mutter erzählte und diesen Bericht mit den Worten: „Als meine Mutter mir gezeigt hat, wie man ein Badezimmer sauber macht ...", einleitete. Sie wurde sofort durch Gekicher und Gelächter unterbrochen. Auf meine Nachfrage, was denn so auslachenswert sei, kam die Antwort: „Na, wenn meine Mutter mir mit so was gekommen wäre, der hätte ich vielleicht was erzählt!" Saubermachen hat in unserer Welt keinen Stellenwert mehr. Wundert es da noch, dass jeder Parkweg voller Müll liegt? In dieser Situation musste ich an eine Zeile aus dem Abendlied „Der Mond ist aufgegangen" denken: „... so sind denn manche Sachen, die wir getrost verlachen, weil unsere (sehunfähigen, kurzsichtig gewordenen) Augen sie nicht sehen."

Wie viele junge Menschen habe ich in der Klinik gesehen, die in ihrem Zimmer an ihrer eigenen Unordnung fast erstickt, im eigenen Dreck verkommen sind. Sie waren nie angeleitet worden, ihr Zimmer aufzuräumen. Ordnungs*liebe* konnten sie so nicht erwerben. Die Redewendung: „Ich kriege das eben nicht geregelt!" habe ich in diesem Zusammenhang nicht selten gehört. Meine Entgegnung war darauf immer: „Ich kriege es auch nicht geregelt, ich muss das selber regeln."

Zunächst löste meine Antwort Erstaunen aus. Sehr oft folgte dann aber die Erkenntnis, dass der Betreffende offensichtlich darauf wartet, dass er etwas geregelt bekommt, das heißt, er erwartet, dass andere es für ihn tun. Häufig kam dann die demütigende Erkenntnis nach: „Ich fühle mich gar nicht fähig, das zu machen!" Hinter der äußerlich großspurigen Haltung – „... na, der hätte ich was erzählt" – steckt eine tiefe, beschämende und deshalb verleugnete Verunsicherung: „Ich habe da ein Problem."

Ich erachte diese Dinge als sehr wichtig und möchte noch ein Beispiel aus meiner Zeit als Therapeutin erzäh-

len: Ein junger Mann um die dreißig, mit einer abge-
schlossenen Lehre, der bei einem Aufbaustudium ins
Trudeln geraten war, hatte angefangen, Drogen zu nehmen. Schließlich wurde er beim Dealen erwischt und vom
Richter vor die Wahl gestellt: Therapie oder Gefängnis. Er
glaubte, mit einer Therapie billiger davonzukommen und
entschied sich dafür. Nach der Therapie aber sagte er
selbst, dass er froh sei, dass das nicht der Fall gewesen sei,
denn er sei bei mir gelandet.

Wie alle gescheiterten jungen Menschen hatte auch
er gelernt, andere für sein Scheitern verantwortlich zu
machen. Und wie bei jedem Menschen waren natürlich
auch Unzulänglichkeiten der Eltern und Defizite in der
Beziehung vorhanden. Darüber wollte er gerne jeden Tag
mit mir reden. Doch ich fand es völlig ausreichend, dass
er mir die Defizite seiner Kindheit einmal erzählt hatte
und wir gemeinsam darüber getrauert hatten. Außerdem habe ich in meiner Arbeit für mich das Recht bean-
sprucht, besser zu wissen, welche Art von Erfahrungen
meine Patienten brauchten (hätten sie es selbst gewusst,
wären sie wohl nicht in einer Klinik für Psychotherapie
gelandet).

So schickte ich ihn zunächst in den von Herbststürmen
verwüsteten Wald mit der Anweisung, eine gefallene
Buche in Brennholz zu verwandeln. Ich versprach ihm,
sobald er das geschafft hätte, würde ich gerne noch einmal
mit ihm über die von ihm so gewünschten Lebensthemen
diskutieren.

Ich weiß nicht, ob Sie schon einmal Buchenholz
bearbeitet haben. Man stellt Treppen daraus her, weil
diese wegen der Härte des Holzes länger halten als Treppen aus Weichholz. Etwa eine Woche sah ich den Mann
nicht wieder. Ich hörte allerdings von Mitpatienten, dass
er laut über mich schimpfte. Manchmal äußerte er, dies

hier sei ja schlimmer als das Gefängnis. Er fand mich anmaßend, arrogant und stock-autoritär. Außerdem warf er mir Machtmissbrauch vor und fühlte sich gezwungen, erniedrigt, mir ohnmächtig ausgeliefert und maßlos wütend.

Das ist eine Palette von Gefühlsausbrüchen, die Eltern (und andere Erzieher wie Jugendleiter, Trainer, Lehrer) ertragen können müssen, wenn sie ihre Kinder wirklich erziehen wollen. Bei einer einigermaßen guten Beziehung zum Kind wird sich jedoch schließlich folgender Effekt einstellen: Der junge Mann erzählte mir, dass er, da er nicht in den Knast wollte, alle seine mächtigen Gefühle, seine ganze Wut schließlich gegen die harte Buche richtete. Mehr und mehr gewann er dabei den Willen, wie er mir später sagte, dieses „Biest" Buche zu bezwingen. Besonders meine gleich bleibende Freundlichkeit, mein Interesse an seinen Fortschritten vermittelten ihm dabei gleichzeitig zunehmend das Gefühl, dass ich irgendwie doch nicht gegen, sondern für ihn war. Das verwirrte ihn. Ein solches Interesse verbunden mit Konsequenz hatte er bis dahin nicht gekannt. Nach einer Woche bat er mich schließlich in den Wald mitzukommen und führte mich zu einem sauber gestapelten Berg Brennholz. Er strahlte mich an und ich sah den Stolz in seinem Gesicht, wie bei einem Kind, das zum ersten Mal ganz alleine aufsteht.

„Noch nie war ich auf jemanden so wütend wie auf Sie. Aber ich war auch noch nie so stolz auf mich selbst wie jetzt, wo ich es geschafft habe, den Baum zu zerlegen", sagte er. Dann schaute er mich freundlich an. „Sie haben das gewusst, nicht wahr? *Sie haben mir das zugetraut!*"

Ähnliche Worte hörte ich auch von einem anderen gescheiterten Mann, der diese Erkenntnisse zwar nicht während seines Klinikaufenthaltes gewonnen hatte, sondern 17 Jahre nach der erfolgreichen Therapie, die sehr ähnlich aufgebaut gewesen war: „Heute weiß ich, dass all diejenigen, die Mitleid mit mir hatten, mir nicht geholfen haben. Sie waren die Erste, die mir zugetraut hat, eigenständig zu leben."

Wieder ein anderer schrieb mir: „Heute danke ich Ihnen für die Erfahrungen, zu denen Sie mich gezwungen haben. Freiwillig hätte ich das alles nie gemacht, aber nun bin ich froh, dass ich diese Erfahrungen habe."

Wie schon gesagt, die oben genannten Gefühle – Wut, Ohnmacht, Gedemütigtsein ... – muss jeder Mensch durchleben, wenn er reifen will. Und durch das Geborgensein in einer stabilen Beziehung ist das auch möglich. Eltern und Therapeuten, die ihrem Kind oder einem unreifen Menschen diese Gefühle ersparen wollen oder ihr Leiden nicht mit ansehen können, die sich vielleicht auch keine Zeit nehmen, einen Menschen zu begleiten, verwehren der ihnen anbefohlenen Person folgende Erfahrung: „Meine Eltern, meine Freunde, mein Jugendleiter trauen mir etwas zu und ich kann mehr, als ich dachte. Sie sind stolz auf mich und ich bin stolz auf mich. Sie freuen sich mit mir, ich bin ihnen also etwas wert." Auf diese Weise erwirbt man Selbstwertgefühl. Wenn man Menschen die Dinge, vor denen sie Angst haben oder die ihnen unbequem sind, aber abnimmt, sagt man ihnen indirekt: „Ich traue dir das nicht zu." Und so schädigt man das Selbstbewusstsein eines anderen Menschen.

Das Zutrauen in die wachsende Leistungsfähigkeit eines hilfsbedürftigen Menschen ist so wichtig, dass ich auch noch eine weitere Beobachtung, die ich bei meinen Enkelkindern gemacht habe, weitergeben möchte.

Sie alle hatten, wie jeder normale Mensch in seiner Entwicklung, Phasen, in denen sie vor wichtigen Schritten Angst hatten und diese Angst auch ausdrückten. In solchen Situationen ist es wichtig, die Angst ernst zu nehmen und den Kindern bei Angst machenden Schritten Begleitung anzubieten. Niemals darf man ihnen diese Dinge jedoch abnehmen. Es gab aber auch Phasen, in denen sie selber offensichtlich nicht wussten, was mit ihnen los war, in denen ich aber den Eindruck hatte, dass es ihnen an Selbstbewusstsein mangelte.

Dazu ein Beispiel: Lukas, der Zweitgeborene, hat einen relativ schweren Stand. Vor ihm ist seine Schwester Johanna; sie ist gut ein Jahr älter als er. Ein fixes Mädchen, das alle seine Chancen zu nutzen weiß. Selbstverständlich hat sie alle Dinge, die Lukas noch lernen muss, schon etwas früher hinter sich gebracht. Meine Überlegung war deshalb, dass das diesen kleinen Menschen doch sehr entmutigen musste und eines Tages kam die Bestätigung.

Wir waren mit unserem kleinen Pferd unterwegs. Johanna ritt und turnte schon sehr sicher auf dem Tier herum. Lukas beobachtete das Ganze und sein Gesichtchen veränderte sich. Als er schließlich an der Reihe war, sagte er, er habe keine Lust mehr, er wolle nicht reiten. Da ich aber die Vermutung hatte, dass er entmutigt war, ließ ich ihm das nicht durchgehen. So versicherte ich ihm, dass er ganz bestimmt mit dem kleinen Pferd fertig werden würde und dass jeder Mensch eine andere Art zu reiten habe. Er müsse also überhaupt nicht auf dem Pferdchen herumturnen, schließlich sei er ein Mann und verfüge über etwas mehr Kraft als ein Mädchen und er habe dem Pferd gegenüber so schon einen Vorteil. Er ließ sich überreden, es zu versuchen, und er griff viel energischer, als es seine Art war, zu den Zügeln, sodass das Pferdchen ihm wirklich gehorchte.

Und wieder war da dieser stolze Blick. Schauen Sie sich einmal aufmerksam in Ihrer Umgebung um. Viele

Menschen, die behaupten, sie hätten keine Lust und das sei ja alles uninteressant für sie, sind entmutigt. Diese Menschen brauchen Ihren Zuspruch, Ihre Ermutigung, aber vor allem Ihr konsequentes Verhalten.

Und wie steht es mit unserer Jugend, der *Null-Bock*-Generation? Ich bin fest davon überzeugt, dass auch die vielen *Null-Bock*-Menschen Herausforderungen brauchen. Lohnende Aufgaben, an denen sie ihre Kräfte messen können und nicht immer noch neue Spaßangebote. Das hat sich in Notsituationen stets bewahrheitet.

In diesem Zusammenhang möchte ich noch eine Feststellung weitergeben, von der ich leider nicht mehr weiß, wer sie äußerte: „Unserer Jugend mangelt es heute an unerfüllten Wünschen!" Ich glaube, diese Feststellung ist eine Teilursache von *Null Bock*. Ein altes Sprichwort sagt: „Not macht erfinderisch." Doch es muss nicht unbedingt eine Not sein, auch unerfüllte Wünsche machen erfinderisch. Das aber ist das Gegenteil von *Null Bock*.

Vielleicht fragen Sie sich jetzt, wie Sie Ihre Kinder ermutigen können? Wie können wir ihnen diese Herausforderung anbieten? Ich denke, dazu muss man keine weltbewegenden Dinge tun. Eine Herausforderung ist es schon, am Abend ein mit Spielzeug übersätes Kinderzimmer aufzuräumen. Eine Herausforderung kann darin bestehen, nach einer erneuten Erklärung eine Weile über einer Hausaufgabe zu brüten und die Lösung selbst zu finden. Es kann herausfordernd sein, ein Gedicht auswendig zu lernen. Eine Herausforderung kann darin bestehen, kaputtes Spielzeug nicht wegzuwerfen, sondern es mit dem Papa gemeinsam zu reparieren. Und eine Herausforderung kann sein, zu basteln und es weiter zu probieren, auch wenn der erste Versuch schief geht. Auch das Ausräumen der Spülmaschine und andere kleine Hilfen sind solche Herausforderungen. Sie alle kosten uns Erwachsene nur einen unangenehmen Preis: unsere Zeit und Geduld, die wir unseren Kindern schenken.

Die Fähigkeit, sich mit Teilzielen zufrieden zu geben, kleine Schritte in Richtung auf ein Ziel zu akzeptieren

Die dänische Sängerin Gitte hat vor einigen Jahren einmal ein Lied gesungen, mit dem sie viel Geld verdient hat, weil offensichtlich viele Leute mit ihr übereinstimmten. Es trug den Titel: „Ich will alles und sofort". Dieses Lied kennzeichnet eine sehr unreife Haltung und zwar in beiden Teilen des Titels (*alles* und *sofort*). Wir wollen uns mit dem ersten Teil, „Ich will alles", beschäftigen. Das „sofort" wird dann in einem späteren Absatz behandelt.

Sie wissen alle so gut wie ich, dass der Anspruch, immer hundertprozentig das zu erreichen, was man sich vorstellt, nicht mit dem normalen Leben zu vereinbaren ist. Wenn wir nicht ständig unzufrieden und damit auch suchtgefährdet sein wollen, müssen wir also lernen, uns auch mit Teilzielen zufrieden zu geben, uns auch an Teilerfolgen zu erfreuen. Manchmal können wir ein erreichtes Teilziel als Beweis dafür nehmen, dass wir Schritt für Schritt dem Ganzen näher kommen können, manchmal muss aber auch ein Teilziel an sich schon genügen. Ist es nicht interessant, dass in dem Wort *vergnügt* das Wort *genug* steckt? So bedeutet vergnügt zu sein, es genug sein zu lassen.

Ich erinnere mich noch sehr gut an meine erste große Bergbesteigung. Der Gipfel schien so nahe, dass ich einfach nicht glauben wollte, dass es drei Tage dauern sollte, ihn zu erreichen. Vollmundig verkündete ich, dass ich es schneller schaffen wolle. Diese Vollmundigkeit hielt nicht sehr lange an. Da ich keine sehr versierte Bergsteigerin war, kam ich recht bald an den so genannten Totpunkt und mit einem Mal schlug meine Stimmung um. Ich wollte aufgeben, denn ich war *ent-täuscht*. „Hochmut kommt vor dem Fall", sagt ein Sprichwort ganz richtig. Ich hatte mich bezüglich meiner Kräfte und der Größe der Aufgabe selbst getäuscht. Gottlob hatte ich einen erfahrenen Bergsteiger zur Seite, der zudem auch noch über ein hohes Maß an Menschenkenntnis verfügte und bereit war, mir wirklich zu helfen. Er berichtete mir von seinen eigenen ersten Bergbesteigungen, davon, dass er all die Gefühle, die ich zu diesem Zeitpunkt durchlebte, kenne und dass diese auch in Ordnung seien. Ich fühlte mich von ihm verstanden und war nun mehr und mehr bereit, seinen Maßstab für diese Bergbesteigung zu übernehmen und den meinen loszulassen. Ich war bereit, ihm zu vertrauen – mich ihm anzuvertrauen.

Vertrauen schenken, Vertrauen wagen

An dieser Stelle müssen wir nun eine kleine Unterbrechung machen, um bei dieser wichtigen Sache, dem *Vertrauen,* zu verweilen. Heute haben viele Menschen nicht nur kein Selbstvertrauen – sie haben auch kein Vertrauen in andere Menschen. Sie können sich nicht anvertrauen. Das hat einen Grund. Jemandem, der immer *weich* wird, wenn ich maule oder demgegenüber ich mich verweigere, traue ich keine Stärke zu – dem kann ich nicht vertrauen. Jemand, der immer nachgibt, wenn ich Druck mache, der bietet mir keinen Halt. Ich kann ihm nicht vertrauen. Jemand, der sich durch teures Spielzeug oder andere *Fördermaßnahmen* vertreten lässt, obwohl ich ihn selbst bräuchte, dem kann ich nicht vertrauen. Jemand, der Angst hat mich zu verlieren, wenn er Unangenehmes von mir fordert, und deshalb inkonsequent ist, der scheint nicht viel Vertrauen in unsere Beziehung zu haben – wie könnte ich ihm da vertrauen? Jemand, der mir keine Grenzen setzt, bietet mir gleichzeitig auch keinen geschützten Raum – wie sollte ich da Vertrauen fassen? Wenn einem Kind sein Vertrauensproblem bewusst wäre, würde es eine oder mehrere dieser Äußerungen von sich geben.

Doch im Gegensatz dazu glauben leider viel zu viele Erwachsene, dass ein Kind Vertrauen entwickeln würde, wenn man ihm jeden Wunsch erfüllt, ihm keinerlei Beschränkungen auferlegt und ihm immer seinen Willen tut. Das Gleiche gilt übrigens auch für das Gottvertrauen. Ein Gott, der sich meinen Launen und Wünschen anpassen soll, einer, dessen Größe und Gedanken ich begreifen kann, der also nicht mächtiger ist als ich, der weiß im Ernstfall nicht mehr als ich – wie sollte ich darauf vertrauen, dass er mir hilft, mich und die Welt in Händen hält? Vertrauen kann und will ein Mensch nur jemandem, der ihn versteht und der Stärke zeigt, der Grenzen setzt, der nicht jeder Laune nachgibt – das heißt jemandem, der das Ziel kennt und mich dorthin bringen will. Jemandem also, der Autorität hat.

Als wir am Abend der ersten Etappe unserer Bergbesteigung in einer Berghütte ankamen, war ich bereits so weit, dass ich stolz darauf war, diesen ersten Abschnitt der Wanderung geschafft zu haben. Nach der Erfahrung, den Totpunkt überwunden zu haben, wuchs mein Mut, auch am nächsten und am übernächsten Tag jeweils ein Teilstück in Angriff zu nehmen, genauso wie meine Hoffnung, den Gipfel zu erreichen.

Aber nicht immer ist die Erreichung eines Teilziels quasi eine Versicherung, auch das Endziel zu erreichen. Manchmal ist das Teilziel das endgültige Ziel.

Viktor Frankl, mein großes therapeutisches Vorbild,

war Arzt und Philosoph, bevor er aufgrund seiner jüdischen Herkunft eine schwere Zeit im KZ durchlebte. Nach dieser Zeit eigener schwerster Leiderfahrung wurde er meiner Meinung nach der größte Therapeut unserer Zeit. Er sagte: „Wenn wir ehrlich sind, haben wir im Leben selten alle Möglichkeiten, sondern in der Regel Rest-Möglichkeiten." Nur neigen wir Menschen dazu, diesen Rest zum schäbigen Rest zu machen. Das heißt, ihn durch diese Einstellung noch mehr zu schmälern, sodass es nur verständlich ist, dass wir unzufrieden werden. Aber es geht auch anders. Nach dem ersten Schritt der Einsicht, dass ich nicht immer alles haben kann, kommt der Entschluss, den Teil, den ich haben kann, wertzuschätzen.

Und Dr. Frankl sagt schließlich über diesen Rest: „Aber diesen Teil, den will ich ganz!" Das heißt, den will ich mir nicht schmälern dadurch, dass ich ihn zum *schäbigen* Rest erkläre dadurch, dass ich darauf beharre, das Fehlende sei viel besser und wertvoller, und auch nicht dadurch, dass ich mir einrede, mir werde das mir Zustehende vorenthalten ...

Meine drei Enkel wissen inzwischen, dass von einer geschenkten Tafel Schokolade jeder seinen Anteil bekommt. Diese Tafel Schokolade ist *unsere Tafel* Schokolade und nur das jeweilige Drittel ist *meine* Schokolade. Das schmälert die Freude an der Schokolade in keiner Weise. Dieses Prinzip meine ich.

Teilen können

Nun sind wir unversehens noch einen Schritt weiter gekommen. Wir sind beim Teilen angelangt. Nur ein Mensch, der nicht den Anspruch hat, dass ihm immer alles hundertprozentig gehören muss, kann überhaupt teilen. Eine Volksweisheit sagt: „Geteiltes Leid ist halbes

Leid, geteilte Freude ist doppelte Freude." Ich habe das vielfach erlebt. Bei mir selbst und auch bei anderen Menschen, die bis dahin keine Gelegenheit hatten, dies in Erfahrung zu bringen. Wenn man immer gewohnt ist, alles für sich zu haben und zu behalten, fehlt diese Erfahrung.

Leider ist es auch so, dass jemand, der nicht gelernt hat, im guten Sinne zu teilen, auch schlecht sein Leiden teilen kann und deshalb also seine Lasten auch meist alleine trägt. Dies geschieht häufig aus Angst, er werde verachtet, oft aber auch aus der Erwartung heraus, dass andere seine Leiden erraten und sie ihm dann abnehmen, ohne dass er darum bitten muss.

Natürlich lernt man in einer Geschwisterschar auf natürlichste Weise zu teilen. Die heute leider immer häufiger auftretenden Einzelkinder haben es da schwer, denn die Eltern verlangen ja in den seltensten Fällen von ihren Kindern, dass sie etwas mit ihnen teilen, weil sie gar nicht erst auf den Gedanken kommen, dass ihr Kind als Einzelkind so etwas Wesentliches nicht lernen kann. Aber wenn ein Kind keine Geschwister hat, muss es mit den anderen Angehörigen einer Familie diese wichtige Erfahrung machen. Das heißt ganz konkret: Bekommt solch ein Kind eine Tafel Schokolade, so müssen die Eltern sagen: „Ein Drittel für Mama, ein Drittel für Papa, ein Drittel für dich."

Sie sollten sich dabei nicht komisch vorkommen, denn sie helfen dem Kind auf diese Weise zu einer ganz wichtigen Fähigkeit. Zu einem Teilaspekt der Gemeinschaftsfähigkeit, zur Zufriedenheit und zu realistischen Ansprüchen.

Beziehungen pflegen können

Durch unsere Beschäftigung mit dem Teilen befinden wir uns nun schon mitten in einem anderen wichtigen Thema, nämlich dem von Beziehungen. Dass es Beziehungen gefährdet, wenn einer immer alles haben will, er seine Vorstellungen immer zu 100 Prozent durchsetzen will und muss, brauche ich nicht näher zu erklären.

Unser Thema, auf Beziehungen angewandt, heißt: Wir müssen alle lernen, Kompromisse zu machen. Wir müssen den Anspruch loslassen, unsere Vorstellungen zu 100 Prozent durchzusetzen. Wir dürfen lernen uns zu freuen, wenn wir einen Teil unserer Vorstellungen mit eingebracht haben, wenn wir mit unseren Vorstellungen mitgestaltet haben und so das Ergebnis unter anderem auch unsere Handschrift trägt. Gerade dieser Teilaspekt entscheidet oft darüber, ob wir gute Beziehungen pflegen können.

Die Sehnsucht nach guten Beziehungen aber ist die stärkste Sehnsucht des Menschen. Es ist eine Ur-Sehnsucht, weil wir nicht als Einzelwesen geschaffen sind. Es ist übrigens auch die stärkste Angst, die uns Menschen befallen kann, verlassen zu werden, keine Beziehungen zu haben und einsam zu sein.

Kommunizieren können

Nun müssen wir uns noch einen anderen Aspekt des Teilens anschauen und zwar den des Mitteilens – besser: den des Austausches von Gedanken, Gefühlen und Erlebnissen. Lehrer haben mir berichtet, dass ein großer Teil ihrer Schüler dazu nicht in der Lage ist. Sie vermuten, dass es an einem entsprechenden Gesprächsangebot in den Familien mangelt, denn recht häufig finden keine gemeinsamen Mahlzeiten mehr statt – eine wirklich gute Gelegenheit zum Austausch. Ich habe das auch bei meinen Patienten beobachtet. Sie standen einfach vom Tisch auf, sobald sie satt waren. Tischgemeinschaft war ihnen fremd.

Ich habe immer wieder Menschen getroffen, die sehr verschlossen waren und sich anderen Menschen schlecht mitteilen konnten. Sie waren durchaus bereit zuzuhören, hatten sich manchmal sogar eine Lebensrolle als *Kummerkasten* angeeignet. Aber die Beziehungen, die sie so pflegten, waren für sie und – wenn man genauer hinsah – auch für die anderen sehr unbefriedigend, weil sie einseitig blieben.

Andere Menschen teilten mit ihnen ein Stück ihres Erlebens, aber sie teilten ihr eigenes Erleben nicht mit anderen Menschen. Mitteilen ist keine Einbahnstraße. In einer guten, reifen Beziehung muss jeder der Partner bereit sein, etwas über sich selbst mitzuteilen. So macht dann auch jeder die gute Erfahrung, dass der andere sich ihm *zu-neigt*, sich darum bemüht, ihn zu verstehen und er fühlt sich so wertgeschätzt.

Es gibt aber auch Menschen – und diese machten den größeren Anteil meiner Patienten aus –, die sich sehr gut mitteilen können. Sie sind es gewöhnt, dass jeder ihnen zuhört, dass alle Welt für ihre Erlebnisse und Probleme Interesse aufbringt. Sie haben aber überhaupt nicht gelernt, zuzuhören und sich um Verständnis für andere Menschen zu bemühen. Wenn ich sie fragte, was sie über die Gründe wussten, warum sie schließlich in die Klinik kommen mussten, war sehr häufig die Antwort zu hören, sie seien so sensibel und häufig enttäuscht worden.

Es hat sie dann sehr überrascht, wenn ich gefragt habe, ob sie ausschließlich sich selbst gegenüber sensibel seien oder auch gegenüber anderen Menschen. Nach näherem Hinschauen stellten wir dann gemeinsam fest, dass es an Sensibilität für andere Menschen sehr mangelte.

Natürlich war dann auch ihre *Wahr-nehmung* für die Bedürfnisse anderer Menschen sehr eingeschränkt. Erst in der Probesituation der stationären Gemeinschaft lernten sie zu verstehen, warum ihre Beziehungen in der Regel unglücklich endeten, warum sie immer wieder von anderen Menschen *enttäuscht* wurden: weil sie nur Entgegenkommen von anderen erwarteten und selbst immer die Nehmenden waren. Meist zeigt sich das auch im übrigen Verhalten dieser Personen.

So beobachtete ich einmal eine junge Frau, mit der ich ein solches Gespräch geführt hatte, während sie am ersten Abend am gemeinsamen Abendbrottisch saß. Ich wusste, dass sie Vegetarierin war. Als nun die Speiseplatten auf das Buffet gestellt wurden und das Tischgebet gesprochen war, ging sie sofort zu den verschiedenen vegetarischen Nahrungsmitteln und häufte sie fast vollständig auf ihren Teller. Sie kam überhaupt nicht auf den Gedanken, dass auch andere Menschen vegetarisches Essen mochten und war sehr erstaunt über die wenig freundliche Reaktion ihrer Mitpatienten. Sie fand diese egoistisch, wenig entgegenkommend und fühlte sich völlig unverstanden. Sie war von ihnen enttäuscht.

Obwohl sie fast 30 Jahre alt war, hatte sie in ihrer eigenen Familie und in ihrem Bekanntenkreis – Freunde hatte sie eigentlich keine – bisher nur die Erfahrung gemacht, dass alle anderen Menschen freiwillig verzichteten, wenn sie Bedürfnisse hatte, und sich mehr und mehr darüber gewundert, dass sich viele Menschen nach einiger Zeit wieder von ihr entfernten. Diese Personen hatten vermutlich Angst vor der schweren Aufgabe, dieser Frau ihr egozentrisches Verhalten vor Augen zu führen.

In mühevollen kleinen Schritten lernte diese Patientin dann in der Klinik, ihre Bedürfnisse zu artikulieren und andere Menschen um Entgegenkommen zu *bitten*. Zumindest in der Situation bei Tisch hatte sie damit meistens Erfolg, denn die jungen Männer tauschten sehr gerne ihren Salat gegen den Wurstanteil dieser jungen Frau.

Aber nicht nur beim Essen lernte sie Wesentliches für ihr Leben dazu. Als sie sich entschloss, nicht immer im Mittelpunkt stehen zu wollen, sondern anderen Menschen gegenüber *Zu-neigung* und *Entgegen-kommen* einübte, machte sie damit die beglückende Erfahrung, dass sie so nicht ärmer, sondern reicher wurde. Erst jetzt wurden tiefer gehende Erlebnisse im Zusammenleben mit anderen möglich, die sie vorher nie gekannt hatte. Sie erlebte echte Gemeinschaft.

Einige Jahre später schrieb sie mir noch einmal über ihren anschließenden Lebensweg. In dem Brief las ich voller Freude den Satz: „Bevor ich in die Klinik kam, hätte ich nie gedacht, dass ich einmal anderen Menschen eine Hilfe sein könnte. Und jetzt macht es mir fast mehr Freude, anderen zu helfen, als mir helfen zu lassen."

Diese junge Frau hatte übrigens so etwas wie eine *Krankheitssucht* entwickelt. Immer neue Beschwerden trieben sie in die Praxis der Ärzte, die in den seltensten Fällen eine organische Ursache für ihre Leiden fanden. Vermutlich brauchte sie die Praxisbesuche, um ihr an Beziehungen völlig verarmtes Leben ein wenig aufzufüllen.

Eine *irre-geleitete* Sehnsucht.

Die Fähigkeit, warten zu können

Wir wollen uns nun dem zweiten Teil des oben genannten Liedes zuwenden: „Ich will alles *und sofort*" – dem „sofort". Die Eigenschaft, die der Sängerin fehlt, ist diejenige, warten zu können. Begeben wir uns wieder ganz an den Anfang eines Menschenlebens.

42

Schauen Sie doch einmal in das Säuglingszimmer einer Entbindungsklinik und hören Sie auf das wütende Gebrüll, wenn *Fütterungszeit* ist. So sind wir Menschen am Anfang unseres Lebens, denn im Mutterleib war ja alles Notwendige immer sofort vorhanden. Wir mussten nicht lernen zu warten, alle Bedürfnisse wurden gleich erfüllt, es baute sich keine Spannung auf, die entsteht, wenn ein Bedürfnis nicht augenblicklich erfüllt wird.

Aber im normalen Leben ist das völlig anders. Immerfort entstehen Spannungen, weil die Bedürfnisse eines Menschen nicht mit denen eines anderen deckungsgleich sind, weil Züge und Busse zu bestimmten Zeiten fahren und wir warten müssen, und weil Dinge, die wir unbedingt haben wollen, im Moment nicht zu haben oder zu teuer sind oder jemand anderem gehören.

Das sind nur einige ganz alltägliche Beispiele. Für den Menschen, der in der Haltung eines Säuglings stehen geblieben ist, sind solche Spannungen unzumutbare Belastungen. Er empfindet die Situation als ungerecht. Wieder kommt ohnmächtige Wut, *Mordswut* auf, und nicht selten wird die Spannung dadurch abgebaut, dass irgendetwas zerstört wird. Das ist eine Möglichkeit, diese unerträgliche Spannung zu mildern, die, wie wir an vielen Stellen sehen können, auch von einigen Menschen praktiziert wird. Manche Menschen richten ihre *Mordswut* auch gegen sich selbst, verletzen sich und erreichen so eine Erleichterung ihrer Spannung.

Eine andere Möglichkeit, mit der heute oft schon Kinder vertraut sind, ist, die Spannung durch Suchtmittel abzubauen. Solche Mittel, die eine Ersatzbefriedigung bieten, wie zum Beispiel Trinken, Essen, Einkaufen, suchthaftes Ansehen von so genannten Soaps (dt. Schundserien), Internetsurfen, Sex ... oder Mittel, die über chemische Veränderungen im Gehirn die Gefühle manipulieren, also Alkohol und Drogen. Nikotinsucht scheint mir beides zu enthalten: Zum einen ist die Zigarette wie ein Schnuller, also eine direkte orale Ersatz-Befriedigung, zum anderen ist Nikotin eine Droge.

Wenn auch von verantwortungslosen Verführern behauptet wird, Drogen erweiterten das Bewusstsein, das Erlebnis-Spektrum und sie seien für den freien, mündigen Menschen eine Bereicherung, so ist das zum einen bestenfalls eine Teil-Wahrheit, zum anderen Teil aber eine Lüge. Die ganze Wahrheit ist, dass unreife, unfreie und unmündige Menschen, die nicht gelernt haben, die Spannungen des Lebens sinnvoll zu bewältigen, von Drogen abhängig sind, ohne diese das Leben nicht aushalten und dass die Drogen ihr Leben schließlich vernichten

Aber es gibt auch einen guten lernbaren Weg, mit Spannungen umzugehen. Sie kennen alle die Adventskalender mit 24 Türchen. Früher waren hinter den Türchen bunte Bilder, über die sich Kinder in bescheideneren Jahren gefreut haben. Heute sind dank unseres Wohlstandes und auch, weil solche bescheidenen Dinge keine Freude mehr auslösen, Schokoladenfiguren hinter den Türchen versteckt. Diese Adventskalender haben die Aufgabe, Kindern das Warten *spannend* zu machen. Diese Spannung kann man auch mit dem Begriff *Eustress* (positiver Stress = Antrieb) bezeichnen und dann mit anderen als den oben erwähnten negativen Gefühlen verbinden: Vorfreude stellt sich ein, frohe Erwartungen, durch die im Vorfeld deutlich wird, dass nicht jeder Tag Weihnachten ist, dass das Warten auf Weihnachten also ganz normal ist.

Dieses Beispiel setzt natürlich voraus, dass Weihnachten ein Fest ist, an dem noch offene Wünsche erfüllt werden. Das heißt, offene Wünsche müssen vorhanden sein, weil nicht jeder Wunsch immer augenblicklich erfüllt wird. Mir scheint es jedoch, dass es in unserer Zeit an

Wunscherfüllung nicht mangelt, sondern stattdessen an offenen Wünschen, für die es sich lohnt, sich anzustrengen und zu warten.

Dieses Prinzip kann man übrigens auch auf andere Situationen übertragen und so kleinen und großen Menschen beibringen, dass das Warten normal ist und es sogar eine spannende Angelegenheit sein kann. Man kann es zum Beispiel auf die Freude an der eigenen Leistung anwenden, indem man Kinder für ungewöhnliche und gute Leistungen belohnt und sie anhält, den Verdienst zu sparen, um sich später einen Wunsch zu erfüllen. Meine Patienten, die sich alle das Rauchen abgewöhnen mussten und meist auch wollten, haben es mit diesem Prinzip oft leichter geschafft. So ergab jede nicht gekaufte Schachtel Zigaretten einen Geldbetrag von damals etwa 5,00 DM. Und dieser Betrag wanderte für die Erfüllung eines konkreten Wunsches in ein Sparschwein.

Wie bei Kindern auch, die das Warten erst noch lernen, schauten die Patienten zwischendurch immer mal nach und rechneten aus, wann das Geld zur Erfüllung des Wunsches reichen würde. Dabei wuchs die Vorfreude und der Wunsch wurde so konkret, dass die Versuchung, wieder Geld für Nikotin zu verschwenden, immer kleiner wurde. Denn das hätte schließlich die Erfüllung des Wunsches verzögert, gefährdet, ja vielleicht sogar zunichte gemacht. Und es war jedes Mal ein kleines Fest, wenn das Ziel erreicht war, wieder verbunden mit Freude und Stolz über die eigene Leistung.

An dieser Stelle sei noch angemerkt, dass echte Freude ein Bollwerk gegen die Sucht darstellt.

Ich habe erfahren müssen, dass viele, vor allem suchthaft lebende Menschen, echte, tiefe Freude, die andauert, die zufrieden macht, die auch nachwirkt, nicht kennen. In dem Wort *zufrieden* steckt das Wort *Frieden*. Frieden ist das Ergebnis bewältigter Spannung. Innerlich, also nach Spannungen mit mir selbst und auch äußerlich zwischen verschiedenen Menschen oder Völkern.

Mir fällt ein Beispiel aus der Zeit ein, in der wir noch sehr wenig Geld hatten. Damals war es so viel leichter, Kinder großzuziehen, weil viele Versuchungen gar nicht bestanden. Unser Sohn Kristian wünschte sich so sehr ein Kett-Car. Aber weder zu seinem Geburtstag noch zu Weihnachten konnten wir uns eines leisten. Da kam uns der Sperrmüll zu Hilfe, in dem wir ein Kett-Car fanden – ein wenig verschrammt und ohne Kette, aber ein Kett-Car. „Not macht erfinderisch", sagt der Volksmund, und genau das haben wir erlebt. Eine Fahrradkette, um ein paar Glieder verlängert, wurde eingebaut. Eifrig pinselte Kristian mit Farbresten das Kett-Car so an, wie es ihm gefiel. Und noch heute, als erwachsener Mann, ist er stolz auf dieses Kett-Car und davon überzeugt, dass es das schönste Kett-Car der Welt war. Es hatte nicht einfach fertig dagestanden, stattdessen hatte es einige Zeit gedauert, bis es repariert und hergerichtet war, aber jeden Tag, an dem Kristian und ich daran arbeiteten, wuchs die Vorfreude auf den Moment, in dem er endlich damit fahren konnte.

Glauben Sie auch, dass solche Erfahrungen sehr wertvoll sind? Und dass sie das Vertrauen in die eigenen Möglichkeiten stärken, dass sie die Freude am eigenen Tun fördern? Sind Sie nicht auch der Meinung, dass sie die Angst vermindern, hilflos zu sein und stattdessen Mut machen, immer wieder etwas zu wagen und ein Leben zu leben, das zufrieden macht und in dem Drogen völlig überflüssig sind? Wie Sie an diesem Beispiel sehen können, kann man an einer einzigen Herausforderung einige Fähigkeiten lernen, die für das Leben dringend nötig sind. Wenn Sie mit mir übereinstimmen, dann gönnen Sie Ihren Kindern,

Freunden und sich selbst diese Erfahrung möglichst nicht nur einmal, sondern häufiger.

Aus Erlebnissen Erfahrungen machen

Lassen Sie mich an dieser Stelle einen ganz kleinen Exkurs zum Thema *Erfahrung* machen. In meiner Arbeit als Therapeutin habe ich häufig beobachtet, dass die Menschen, die zu uns in die Klinik kamen, bis dahin nicht in der Lage waren, Erfahrungen zu machen, die sie in die Selbstständigkeit geführt hätten. Sie konnten von einer Unmenge an Erlebnissen berichten und beanspruchten auch für sich, dauernd neue Erlebnisse zu haben, doch im Gegensatz zu einem Erlebnis, das flüchtig ist, das deshalb auch häufig nach immer neuen Erlebnissen süchtig macht, ist eine Erfahrung von bleibendem Wert.

Eine Erfahrung beginnt zwar auch mit einem Erlebnis, aber dieses Erlebnis bleibt nicht einfach an der Oberfläche, sondern wird vertieft. Diese Vertiefung erfolgt dadurch, dass man dem Erlebnis Zeit gibt, zu reifen. Damit meine ich, dass man nicht ein Erlebnis an das andere reihen darf, sondern mit anderen über dieses eine spezielle Erlebnis sprechen sollte. Ein reiferer Mensch kann ein Erlebnis auch alleine dadurch verarbeiten, dass er ein Selbstgespräch führt, sich eigene Gedanken darüber macht und überprüft, ob das eben Erlebte auch auf andere Situationen zu übertragen ist. Es ist wichtig, dass man aus einem Erlebnis Schlüsse zieht, also etwas daraus lernt. Und wenn man auf diese Weise mit einem wichtigen Erlebnis umgeht, dann kann auch eine Erfahrung daraus werden.

Ich erinnere mich an sehr viele Gespräche mit meiner Großmutter, in die sie mich immer wieder anlässlich so mancher Erlebnisse, die wir miteinander hatten, verwickelte und die ich meistens nicht sehr schätzte. Wie fast alle jungen Menschen war ich ständig in Eile und wollte mich der nächsten Sache zuwenden, aber sie ließ das nicht zu. Manchmal erzählte sie dabei aus ihrem eigenen Leben, mal regte sie mich an, selbst über etwas nachzudenken, mal ging es bei diesen Gesprächen ernst zu, oft haben wir aber auch viel gelacht. Jedenfalls verdanke ich ihr, dass ich schon in jungen Jahren das Prinzip gelernt habe, wie man aus Erlebnissen Erfahrungen macht.

Die Fähigkeit, dankbar sein zu können

Dankbarkeit, Zufriedenheit und Freude hängen ebenso miteinander zusammen wie Undankbarkeit, Unzufriedenheit und Freudlosigkeit – alles Bestandteile des *Null-Bock*-Syndroms und oft Vorbedingungen für Sucht. Dankbarkeit gehört zwar zu den menschlichen Gefühlen, aber sie muss wie vieles andere, das in uns angelegt ist, erst entwickelt werden. Ein Säugling ist nicht dankbar und zeigt auch keine Dankbarkeit.

Ein Vater, der für seine Töchter immer wieder viel Geld ausgegeben hatte, ihnen jeden Wunsch erfüllte und überdies viel Zeit bei gemeinsamen Hobbys mit ihnen verbrachte, indem er fast jeden Sonntag bei ihren sportlichen Wettkämpfen für sie Zuschauer, Chauffeur, Tröster und Ermutiger war, erzählte mir tieftraurig, dass eine der Töchter nach einem Streit nun schon seit mehreren Wochen den Kontakt zu ihm abgebrochen habe. Sie habe einfach nicht einsehen wollen, dass das Geld knapper geworden war und nun habe sie sich zurückgezogen und wolle gar nichts mehr von ihm wissen.

„Ja, hat sie denn völlig vergessen, was ich 25 Jahre lang alles für sie getan habe?", fragte er mich. Im Lauf der darauf folgenden Wochen hatte ich die Gelegenheit zu beobachten, wie das Verhalten dieser Tochter sich entwickelt hatte:

Die zweite Tochter wollte der Vater verständlicherweise nicht auch noch vergraulen, deshalb bemühte er sich sehr, bis hin zur Selbstverleugnung, um sie zufrieden zu stellen. So hatte sich dieser Mann mit einigen Freunden zu einer Wanderung verabredet, doch kurz vorher rief die Tochter ihn an, weil sie ihn brauche. Sofort sagte er ihr zu und seinen Freunden ab. Da sie schließlich seine Freunde waren, so sagte er sich, würden sie wohl Verständnis für seine Situation haben. Die Freunde erfuhren später, dass die Tochter gar keine Ahnung davon gehabt hatte, dass er ihr zuliebe die gemeinsame Wanderung abgesagt hatte. Er hatte ihr diese Mitteilung verschwiegen, weil er fürchtete, sie damit zu kränken.

Kein Wunder also, dass diese Kinder all das Entgegenkommen, die Geschenke, die Fürsorge des Vaters ohne Dankbarkeit als Selbstverständlichkeit und als ihr gutes Recht ansahen. So waren sie in diesem Muster gefangen und fühlten sich natürlich ungerecht behandelt, als aus Geldmangel und vielleicht auch, weil der Vater sich ausgebeutet fühlte, nicht mehr jeder Wunsch erfüllt wurde. Sie wussten gar nicht, dass er Opfer für sie gebracht hatte. Er hatte sie nichts anderes gelehrt, als undankbar alles anzunehmen.

Ich habe mit vielen Eltern gesprochen, die mit ihren Kindern in einer ähnlichen Lage sind. Eine Mutter war es leid, ihre fast 16-jährige Tochter zu bedienen, die weder im Haushalt half noch ein Zeichen der Dankbarkeit zeigte, geschweige denn für die Schule arbeitete. Sie setzte sich an den stets gedeckten Tisch, die Schmutzwäsche lag herum, sie verlangte immer mehr Taschengeld und hatte überdies begonnen Haschisch zu rauchen.

In dem Glauben, dass sie die Tochter erschrecken und damit eine Verhaltensänderung herbeiführen würde, drohte die Mutter schließlich: „Wenn du 18 bist, kannst du ausziehen. Ich bin das leid!"

Darauf konterte die Tochter nur ungerührt: „Kann es nicht schon früher sein? Ich habe mich schon erkundigt, was ihr mir dann zahlen müsst!"

Immer wieder habe ich von Eltern in Gesprächen über derartige Probleme gehört, dass sie selbst häufig von den eigenen Eltern vorgehalten bekommen hatten, wie dankbar sie sein müssten für alles, was sie für sie getan hätten. So hatte sich in ihnen ein dauerhaftes schlechtes Gewissen den Eltern gegenüber entwickelt, belastet mit Schuldgefühlen. Sie hatten sich erst nach dem Tod der Eltern frei gefühlt, ihr eigenes Leben zu leben. Dieses Elend hatten sie ihren Kindern ersparen wollen. Sie hatten selbst ein Extrem erlebt und hatten ihre Kinder im anderen Extrem groß werden lassen.

Wenn ich hier von der für ein gutes Leben *not-wendigen* Dankbarkeit rede, so meine ich nicht dieses belastende, ewig verpflichtende Gefühl, dem anderen so viel schuldig zu sein, dass ich kaum selbst Atem holen kann. Dieses Gefühl ist niemals die Frucht der Liebe. Und Menschen, die darunter leiden, fühlen sich auch nicht geliebt. Ich meine das Gefühl, dass ich weiß, dass meine Eltern mich lieben und dass sie mir gerne eine Freude machen. Aber dieses Gefühl muss auch mit dem Wissen verbunden sein, dass die Eltern mir zuliebe Opfer bringen, die ich nicht einfach verlangen kann, die nicht selbstverständlich sind und für die ich sie liebe und ihnen dankbar bin. Nicht zuletzt entsteht daraus dann wiederum, dass ich dem anderen auch gerne einmal eine Freude machen möchte.

Dieses Wissen muss kleinen und großen Menschen vermittelt werden. Ich erinnere daran, dass wir alle aus der

Situation heraus kommen, dass uns alles wie selbstverständlich zur Verfügung gestanden hat und wir es auch wie selbstverständlich nahmen. In unserem Eingangsbeispiel wäre es in diesem Sinne wichtig gewesen, dass der Vater der Tochter gesagt hätte: „Ich hatte schon etwas vor, was ich gerne mit Freunden, die mir wichtig sind, getan hätte. Aber um dir helfen zu können, will ich sie fragen, ob wir den Termin verschieben können." In der Mitteilung, dass dies möglich sei, hätte die Tochter dann außerdem gemerkt, dass ebenso seine Freunde Entgegenkommen gezeigt haben und vielleicht auch hieraus ein Gefühl der Wertschätzung und Dankbarkeit entwickelt. Dass die Tochter es ihrem Vater und den Freunden wert gewesen ist, ist aber nur ein Teil der Wertschätzung. Der andere Teil ist, dass sie das, was für sie getan wurde, wertgeschätzt und nicht einfach selbstverständlich hingenommen hätte.

Die Mutter der auszugsbegierigen Tochter, die von zu Hause alles selbstverständlich nahm und auch schon die ihr zustehenden Unterhaltszahlungen errechnet hatte, hatte, wie sie mir sagte, zunehmend das Gefühl bekommen: „Dieses Kind beutet uns aus." Auch der enttäuschte Vater aus dem anderen Beispiel stellte schmerzlich fest: „Die hat ja alles vergessen, was ich für sie getan habe!" Und die dazugehörigen Kinder (oder Partner oder Freunde), sind die denn wenigstens zufrieden? Nein! Das Gegenteil ist der Fall. Sie leiden unter dem *Null-Bock*-Syndrom, sie stehen unter Konsumzwang und leben ein suchthaftes Leben.

Ich möchte noch einmal daran erinnern, was ich am Anfang erwähnte: Dankbarkeit, Zufriedenheit und Freude hängen ebenso zusammen wie Undankbarkeit, Unzufriedenheit und Freudlosigkeit, alles Teilaspekte des *Null-Bock*-Syndroms.

Die Fähigkeit, Grenzen zu akzeptieren und seine Freiheit innerhalb von Grenzen zu leben

Mich sprechen oft Frauen an, die mit ihren halbwüchsigen Kindern nicht mehr fertig werden und die sich sogar von ihnen fertig gemacht und tyrannisiert fühlen. Diese Frauen erzählen mir dann, dass sie früher selbst sehr eingeschränkt und in einem engen Gerüst von Vorschriften und Verboten groß wurden. Ihre Kinder sollten es da einmal besser haben. Deshalb wollten sie deren Freiraum, die Welt zu entdecken, möglichst wenig einschränken. Sie bedenken dabei jedoch nicht, dass sie auf diese Weise ihrem Kind den Anspruch beibringen, seine Welt beinhalte grenzenlose Freiheit.

Wir hatten neulich ein Ehepaar mit einem solch unerzogenen Kind zu Besuch. Der bildhübsche, sehr charmante kleine Junge war etwa vier bis fünf Jahre alt und bewegte sich in unserem Haus, als gehöre alles ihm. Ohne zu fragen öffnete er jedes Zimmer und nahm, ohne dass seine Eltern ihm Einhalt geboten hätten, alle Dinge, die ihn interessierten, heraus, wackelte und schraubte an ihnen herum und warf sie dann, wenn sein Interesse erloschen war, achtlos auf den Boden. Nachdem ein kleiner afrikanischer Holzelefant bei dieser Behandlung beide Stoßzähne verloren hatte, schritt ich ein, nahm ihm das, was er gerade in der Hand hatte, weg und bat ihn, die von ihm weggeworfenen Gegenstände vom Boden aufzuheben, damit sie nicht zertreten würden. Die Eltern, die sich durch mein Einschreiten doch etwas unbehaglich fühlten, versuchten ihn nun auch zur Ordnung zu rufen, was ihn jedoch überhaupt nicht interessierte. Stattdessen lächelte er freundlich und verschwand aus dem Zimmer. Nun wurde seine ältere Schwester damit beauftragt, die Gegenstände vom Boden aufzuheben und dann mit ihrem

Bruder zu spielen, damit er sich nicht langweile. Im nachfolgenden Gespräch beharrten die Eltern auf ihrem Verhalten und erklärten, dass dieses Kind eben besonders viel Interesse an seiner Umwelt und auch schon einen starken Willen habe.

Der eigene Wille

An dieser Stelle ist es gut, wenn wir uns mit der Frage nach dem *Willen* eines Kindes ein wenig näher beschäftigen. Wenn ein kleines Kind sagt, es will dies oder es will dies nicht, so handelt es sich in der Regel nicht um einen Willen, sondern um alle möglichen Willkür-Impulse. Denn um etwas wirklich zu wollen, braucht man eine gewisse Zielgerichtetheit und auch die Fähigkeit abzuschätzen, welche Folgen es hat, wenn ich etwas tue oder nicht tue. Schließlich kommt auch noch die Verantwortung hinzu, für die Folgen einer Tat geradezustehen.

All dies ist einem kleinen Kind noch gar nicht möglich. Erst durch eine sorgfältige Erziehung, in der seinen Willkür-Impulsen angemessene Grenzen gesetzt werden und das Kind mehr und mehr für die Folgen seines Ungehorsams verantwortlich gemacht wird (zum Beispiel zerbrochene Gegenstände zumindest teilweise vom Taschengeld wieder ersetzen zu müssen), lernt ein Kind, einen solchen Willen zu entwickeln und verantwortungsbewusst damit umzugehen. Bleiben Erwachsene ihm diese Erziehung schuldig, so bleibt es seinen Willkür-Impulsen ausgeliefert und wird auch als erwachsener Mensch willkürlich handeln.

Während eines Elternabends zum Thema Suchtprävention an einem Gymnasium meldete sich eine Mutter an dieser Stelle zu Wort, um einen aktuellen Beitrag zu leisten. Sie war zu spät zu dieser Veranstaltung gekommen und erzählte: „Das Fahrrad meines 17-jährigen Sohnes war platt. Da ich wusste, dass er abends Tennis spielen wollte, ermahnte ich ihn, das Fahrrad rechtzeitig zu reparieren. Aber er hatte *keinen Bock*. Als es dann Abend wurde, jammerte er, dass er nun nicht zum Tennis könne, weil schließlich das Fahrrad platt sei. Ich hatte Mitleid mit ihm und fuhr ihn zum Tennis, deshalb war ich zu spät bei dieser Veranstaltung. Und so was kommt häufig vor. Eben habe ich erkannt, wie falsch mein Verhalten ist und dass ich meinem Sohn bereits geschadet habe. Das werde ich jetzt ändern."

Der kleine Junge in unserem Beispiel hat vermutlich, wie jedes andere Kind auch, sobald er greifen und sich fortbewegen konnte, die Welt *begreifen* wollen und in sich den durchaus gesunden Drang gespürt, sie zu erkunden. Dabei war ihm unbegrenzte Freiheit gegeben worden, sodass er zunächst zornig reagierte, als ich diese ihm vermeintlich zustehende Freiheit einschränkte. Solch einen zornigen Protest werden alle zu spüren bekommen, die diesen Bewegungs- und Erkundungsdrang junger und unerzogener älterer Menschen begrenzen wollen. Aber jeder, der mit kleinen Kindern zu tun gehabt hat, weiß auch, dass dieser Zorn nicht lange dauert, und dass jedes normale Kind, wenn die Eltern nur konsequent bleiben, nach einer Weile beginnt, sich innerhalb der ihm gesetzten Grenzen zu beschäftigen.

Erwachsene Menschen jedoch sind nicht mehr so leicht zu einer Einstellungsänderung zu bewegen, aus der dann sinnvolles Handeln erwächst. Sie bleiben so lange in ihrer Fehlhaltung steckten, bis eine ernste Krise sie zwingt, umzudenken oder auch bis die Seele bestimmte Symptome entwickelt. Solche Symptome sind in der Regel lästige Erscheinungen.

Zum Beispiel hat keiner gerne Schmerzen, aber sie sind

ein Alarmsignal dafür, dass an einem Organ unseres Körpers etwas nicht in Ordnung ist. Aus diesem Grund ist es überhaupt nicht sinnvoll, das lästige Symptom Schmerz mit einem Schmerzmittel zu beseitigen, denn dann kann die Krankheit, die den Schmerz verursacht, unbemerkt schlimmer werden. Und sei die Angst vor der unangenehmen Behandlung beim Zahnarzt noch so groß – sie ist die einzige sinnvolle Maßnahme, wenn Zahnschmerzen auftreten.

Bei Seelensymptomen verhält es sich nicht anders. Angstzustände zum Beispiel zeigen immer an, dass im Kräftehaushalt unserer Seele etwas nicht in Ordnung ist. Deshalb muss dieses Alarmsignal, ebenso wie körperliche Symptome, ernst genommen werden als Hinweis auf eine seelische Störung. Leider wird vielen Menschen, wenn sie äußern, Angst zu haben oder *nicht gut drauf zu sein* (diese unklare Formulierung zeigt einmal mehr die Unfähigkeit, seine eigene Befindlichkeit genauer wahrzunehmen und mitzuteilen), dazu geraten, diese oder jene Droge zu nehmen, die die Angst oder andere unerwünschte seelische Gefühle schnell beseitigt. Sofort fühlt man sich wieder *gut drauf*, frei, kontaktfreudig, leistungsfähig, sexuell ungehemmt. Warum also sich mit schlechten Gefühlen beschäftigen, wenn es so leicht ist, sich gut zu fühlen. Erst eine Pille, dann zwei, dann immer mehr – was soll's.

Die Abhängigkeit von diesen Substanzen fühlt sich ja so gut an und tut eine ganze Weile nicht weh. Im Gegenteil, sie gibt einem ein nie gekanntes Hochgefühl, „Kick" genannt. Leider ist dieser Scheck aber ungedeckt. Die Seele verhungert und bleibt auf der Strecke. Ihre Aufschreie werden einfach erstickt. Sinnvoll aber ist nur, beim Auftreten bestimmter seelischer Symptome innezuhalten und sich einzugestehen, dass die Seele um Hilfe schreit.

Manchmal reicht es aus – vielleicht im Gespräch mit wahren Freunden –, seine Lebenssituation, seine Lebenseinstellungen selbst neu zu überdenken und Überforderungen, Defizite, unrealistische Ansprüche, falsche Vorstellungen von sich selbst und Fehlerwartungen an andere zu bearbeiten. Meistens jedoch ist professionelle Hilfe vonnöten.

Die Notwendigkeit geschützter Räume

Es gibt noch einen anderen Grund, warum jeder Mensch lernen muss, innerhalb von Grenzen seine Freiheit zu leben: Wir brauchen Räume, in denen wir uns sicher fühlen können. Räume aber sind immer begrenzt. Um meinen Patienten das begreifbar zu machen, habe ich sie aufgefordert, ein Spiel ohne Begrenzungen, ohne Regeln zu spielen. Jeder sollte tun können, wozu er gerade Lust hatte. Eine wichtige Erkenntnis war, dass ein gemeinsames Spiel so nicht zustande kam; die entscheidende Erfahrung an dieser Stelle aber war für alle, dass sich rasch Unsicherheit, Angst und schließlich Unlust und Aggressivität entwickelten.

Wir alle haben das Bedürfnis, wissen zu wollen, wie weit unser Raum reicht. Aus diesem Bedürfnis heraus haben wir Maßeinheiten und Zeiteinheiten (die Uhr!) entwickelt. Ohne Zweifel wollen wir auch Ausflüge über unseren Grenzen hinaus machen, aber wir brauchen einen sicheren Rahmen, der uns Schutz und Heimat gibt. Natürlich wollen Menschen an den Begrenzungen rütteln, mit ihren wachsenden Fähigkeiten ihren Freiraum erweitern, aber Grenzenlosigkeit führt zu extremer Verunsicherung. Ich bin fest davon überzeugt, dass die Zunahme undefinierter Ängste (also nicht der Angst vor einer bestimmten Situation!) mit der Auflösung vieler schützender Begrenzungen und Regeln in unserer Gesellschaft zusammenhängt.

Eine allein erziehende Mutter, die sich sehr viel Mühe gibt, ihren gut dreijährigen Sohn für das reale Leben vorzubereiten, berichtete mir von ihren Schwierigkeiten. Sie möchte ihm beibringen, dass er sich mit seinem Spielzeug in seinem Zimmer ausbreiten kann, so weit er möchte, aber dass sie sein Spielzeug in ihrem Zimmer nicht haben möchte. Nun waren ihr Zweifel gekommen, ob ihr Kind diese Maßnahme nicht als Zurückweisung erleben könnte. Ich habe ihr sehr viel Mut gemacht, in ihren Erziehungsbemühungen fortzufahren, weil ich es sehr wichtig finde, dass schon kleine Kinder lernen, auch den Freiraum eines anderen Menschen zu respektieren.

Ich glaube nicht, dass es stimmt, was der Volksmund sagt: „Was Hänschen nicht lernt, lernt Hans *nimmermehr.*" – Immerhin habe ich 30 Jahre lang meinen Beruf als Psycho-Therapeutin ausgeübt, in der festen Überzeugung, dass Menschen, so lange sie leben, immer noch Neues hinzulernen können. Trotzdem stimmt es aber sicherlich, dass das, was Hänschen in der liebevollen Begleitung seiner Eltern relativ leicht lernt, für Hans in der Konfrontation mit einer viel weniger verständnisvollen Umwelt ungleich schwieriger zu lernen ist.

Leichter scheint es da für manche Menschen zu sein, sich ihre Sehnsucht mit diversen Suchtmitteln zu erfüllen. Ein junger Mann, der regelmäßig Haschisch geraucht hatte, weil ihm, wie er berichtete, „in dieser bürgerlichen Kleinkariertheit die Luft zum Atmen fehlte", hatte gute Freunde, die, im Gegensatz zu ihm selbst, die Gefahr einer Suchtentwicklung bei ihm sahen und ihn zu einem gemeinsamen Urlaub ohne Haschisch überredeten. Dort merkte er dann selber, dass er ohne Haschisch wechselnden Stimmungen ausgeliefert, unruhig und getrieben war, dass er also von Haschisch abhängig war, sodass er sich zu einer Therapie entschloss. Dort lernte er im Wesentlichen, innerhalb von bestimmten Grenzen Spielräume zu entdecken, in denen er sich und seine Möglichkeiten entwickeln konnte. Er wurde fähig, sein abgebrochenes Studium wieder aufzunehmen, regelmäßig für Prüfungen zu lernen und erzählte in anrührender Weise, wie es ihm möglich wurde, ohne Haschisch die Freuden des Lebens wieder neu zu entdecken.

An dieser Stelle möchte ich noch auf eine Gefahr hinweisen, die mir selber erst seit etwa drei Jahren bekannt ist. Damals fanden sich in unserer Klinik die ersten jungen Menschen ein, die nach den täglichen Seifenopern im Fernsehen, die ich ehrlicherweise als *Schundserien* bezeichnen möchte, süchtig waren. Diese Patienten erlebten inzwischen ihren realen Alltag mit einer gewissen Distanz, erledigten ihre Aufgaben – wenn sie überhaupt welche erledigten – mechanisch und *lebten* nur in der Zeit, in der sie diese Serien schauten. Sie identifizierten sich mit einem der Darsteller, das heißt, sie hatten sich in ihren Gefühlen sehr weit von ihrem eigenen Leben entfernt, achteten dieses als nichts wert und schlüpften lieber in das Trugleben einer Fernsehrolle. Bei einer solchen Patientin kam es ohne erkennbaren äußeren Grund mehr und mehr zu einem Realitätsverlust, sodass sie schließlich nicht mehr unterscheiden konnte, ob sie sie selbst oder die Serienfigur war.

Bei einer anderen führte der Entzug der Serie, dadurch dass sie einige Tage wegen Blinddarmentzündung ins Krankenhaus musste, zu den gleichen Erscheinungen.

Ich habe mir daraufhin einmal eine solche Serie im Fernsehen angeschaut. Abgesehen davon, dass ich in atemberaubendem Tempo Dramen und Komödien vor Augen geführt bekam, sodass ich – uneingeweiht wie ich war – kaum folgen konnte, war ich erschüttert darüber, welche unrealistischen Grenzenlosigkeiten den Zuschauern vor Augen geführt werden. Da wechselt man ganz nach Lust und Laune den Partner, manchmal geht es in einer Sendezeit mehrmals hin und her, Intrigen werden gewissenlos angezettelt und durchgeführt, es gibt Blitz-karrieren und ebensolche Abstürze, Hemmungslosigkeit und Skrupellosigkeit. Das sind die Anreize, die diese Machwerke bieten. Kein Wunder, dass das eigene nor-male Leben dagegen verblasst, sich öde und langweilig anfühlt. Jugendliche und erst recht Kinder sind kaum in der Lage dieser für sie hochinteressanten Reizüberflutung zu widerstehen und ihr kritisch gegenüberzustehen.

Deswegen müssen alle, die mit Kindern umgehen und Verantwortung für sie tragen wollen, ihnen helfen, gegen diese Beeinflussung widerstandsfähig zu werden. Das geht sicherlich nicht dadurch, dass man die Kinder diese Sendungen unkontrolliert sehen lässt in der Hoffnung, dass sie von alleine zwischen diesen irrealen Reizen und dem normalen Leben zu unterscheiden lernen oder dass sie auf diese Weise gar gegen den Schund abgehärtet und immun werden. Aber ebenso wenig werden Kinder gegen diese Sendungen widerstandsfähig, wenn ihre Eltern diese Machwerke nur verteufeln und verbieten. Dadurch erhöht man ihren Reiz nur noch. Ich denke vielmehr, die Erzieher sollten diese Sendungen gemeinsam mit ihren Kindern anschauen, darüber reden, wie unrealistisch sie sind und ihnen sinnvolle Alternativen anbieten. Nur wenn Kinder und Jugendliche echte Gemeinschaft kennen gelernt haben, durchschauen sie nach und nach die Wert-losigkeit dieser Schundangebote.

Meine beiden großen Enkelkinder, neun und elf Jahre alt, die zu Hause mit Fernsehen sehr knapp gehalten wer-den, freuen sich immer, wenn sie mit uns gemeinsam gute

Fernsehsendungen wie Natur- und Tierfilme ansehen dürfen. Ebenso großen Spaß haben sie aber auch daran, ein Buch vorgelesen zu bekommen oder an wechselseitigem Vorlesen und ganz besonders spannend finden sie es, Geschichten zu erfinden und kleine Rollenspiele zu inszenieren.

Diese kostbaren Gelegenheiten geben mir als Großmutter einen wunderbaren Einblick in die Seelen der Kinder in das, was sie interessiert, was sie fürchten, was sie sich wünschen und was sie bekümmert. Ich habe die Gelegenheit im Gespräch und im Miteinander, ihnen Wegweisung zu geben und ihnen zu helfen, sich innerhalb der Grenzen des Lebens gut einzurichten.

Ich möchte es nun bei den Ausführungen über den Erwerb von wichtigen Fähigkeiten beispielhaft bei diesen fünf belassen: der Fähigkeit, an der eigenen Leistung Freude zu entwickeln, der Akzeptanz von Teil-Zielen, dem Wartenkönnen, der Entwicklung von Dankbarkeit und der Fähigkeit, Grenzen zu akzeptieren und sich innerhalb von Begrenzungen sein Leben einzurichten. Hinweisen möchte ich noch darauf, dass sich, wenn Menschen solche Fähigkeiten erworben haben, auch echte Kreativität entwickelt. Das heißt, sie werden fähig, neue Aufgaben interessant zu finden, mit ihnen schöpferisch umzugehen und Lösungen zu finden. Sie werden Konflikte kreativ bewältigen können und diejenigen, die dafür besonders begabt sind, werden sich künstlerisch ausdrücken können.

Erziehung setzt Beziehung voraus

Ich glaube fest, dass der Erwerb der im vorangegangenen Kapitel aufgeführten Fähigkeiten Menschen in die Lage versetzt, gute Beziehungen zu führen. Die Sehnsucht nach guten Beziehungen ist die stärkste Sehnsucht des Menschen überhaupt, ja eine Ur-Sehnsucht. Das ist auch ganz natürlich, denn aus der Liebesbeziehung von zwei Menschen erwächst neues Leben. Und das ist – allen anderen *modernen* Einstellungen der Spaßgesellschaft zum Trotz – die sinnvollste und befriedigendste Aufgabe, die wir Menschen erfüllen können, zu der wir begabt sind. Aber im Gegensatz zu den Tieren werden wir nicht durch Instinkte dazu gezwungen und deshalb weigern sich immer mehr Menschen, Kinder aufzuziehen.

2002 war die Zahl der Paare ohne Kinder erstmals geringfügig größer als die der Paare, die ein oder mehrere Kinder großziehen. Stellen Sie sich einmal vor, welch ein Entsetzen es hervorrufen würde, wenn Tiere nur noch zur Hälfte Nachkommen hätten oder wenn Pflanzen nur noch halb so viele Samen entwickelten. Sofort würde nach den Ursachen der Fehlentwicklung geforscht und nach Maßnahmen gesucht, dies zu ändern. Bei uns Menschen jedoch heißt derselbe Tatbestand Fortschritt. Der Zusammenhang, dass die Menschen, für die Kinder ausschließlich eine Belastung, eine Karrierebehinderung darstellen, in den meisten Fällen selbst zu wenig liebevolle Beziehungen als Kind erlebt haben, zu früh in Kinderkrippen und ähnliche Einrichtungen gebracht wurden und deshalb unfähig sind, selbst liebevolle Eltern zu werden, wird nicht nur *nicht* ernst genommen, sondern als Fortschrittsverhinderung bezeichnet.

Ich horche jedoch immer wieder auf, wenn Menschen, die von vielen beneidet werden, weil sie berühmt sind und alles, was sie einmal begehrten, bekommen haben, bekennen, dass nichts mit dem Glück zu vergleichen ist, was sie empfinden, wenn ihr Kind seine kleine Hand vertrauensvoll in ihrer birgt oder wenn es sie das erste Mal bewusst anlächelt.

All die Dinge, die wir Menschen nach der Vertreibung aus dem Paradies des Mutterleibes lernen müssen, lernen wir nur in guten Beziehungen. Deshalb sind liebende Eltern beziehungsweise Familien so wichtig. Jedes unreife, kleine Kind hat zwei widerstrebende Bedürfnisse:

1. alles sofort haben zu wollen und
2. in einer Beziehung eingebunden zu sein, das heißt, das Bedürfnis nach der Liebe seiner Mutter, seines Vaters und anderer Bezugspersonen. Denn sein Überleben hängt schließlich davon ab.

Die zweite Tatsache jedoch macht ein Kind erst erziehbar. Denn es ist bereit, für die Liebe der Mutter auf das Bedürfnis, alles sofort haben zu wollen, zu verzichten. Deshalb ist Erziehung an Beziehung gebunden und kann nicht kollektiv in Babykrippen oder Horten erfolgen. Das Ergebnis einer kollektiven Aufzucht von Kindern ist bestenfalls Dressur. Und dass Beziehungslosigkeit den Tod bedeutet, macht die folgende Geschichte deutlich:

Friedrich II. von Preußen wollte wissen, welches die ursprünglichste Sprache der Menschen sei. Also wies er die Pflegerinnen in einem von ihm finanzierten Heim für Findelkinder an, die Kinder in zwei Gruppen einzuteilen.

Eine Gruppe wurde mehr schlecht als recht, wie es damals üblich war, versorgt. Dabei sprachen die Frauen miteinander und sie sprachen und sangen auch mit den Kindern.

Die zweite Gruppe von Kindern wurde materiell und hygienisch mit allen Möglichkeiten, die damals zur Verfügung standen, aufs Beste versorgt. Die Pflegerinnen hatten allerdings die Anweisung, nicht miteinander zu sprechen und auch kein Wort an die Kinder zu richten, weil Friedrich II. hoffte, dass sie dann von alleine die Ursprache sprechen würden.

Man kann sich gut vorstellen, dass das Verbot zu sprechen, zu einer außerordentlich beziehungsarmen Atmosphäre, sowohl zwischen den Pflegerinnen, als auch zwischen ihnen und den Kindern führte. Friedrich II. hat nie erfahren, ob die Kinder eine Ursprache gesprochen hätten, denn sie starben allesamt, bevor sich ihr Sprechvermögen überhaupt entwickeln konnte.

Selbstverständlich werden in unserer Zeit keine solchen Experimente mehr gemacht, dennoch wachsen viele Kinder und auch Jugendliche in einem außerordentlich beziehungsarmen Raum auf. Der Eisschrank ist immer gefüllt, gemeinsame Mahlzeiten finden aber kaum noch statt. Die Kinderzimmer sind mit *pädagogisch wertvollem* Spielzeug voll gestopft, aber äußerst selten haben Vater und Mutter oder die Großeltern Zeit, mit den Kindern zu spielen, Gespräche zu führen, zu wandern oder zu musizieren.

Von dem jungen Mann, der in Erfurt Lehrer und Mitschüler erschoss, wissen wir, dass er in einer eigenen Wohnung im Dachgeschoss des Elternhauses lebte und alle Freiheiten hatte. Die Eltern aber hatten keine Ahnung davon, wie ihr Sohn seinen Tag verbrachte, was er dachte, was er sich wünschte oder worunter er litt. Dass der junge Mann sich selber erschoss, war das Ende einer Entwicklung in eine immer größer werdende Beziehungsarmut.

Ich möchte Ihnen nun zwei Erziehungsprinzipien vorstellen, deren Auswirkungen ich in meiner Erfahrung als Psychotherapeutin habe beobachten können.

Das Prinzip des Stillens

Ich nenne das erste Prinzip das *Prinzip des Stillens*. Es beginnt damit, dass sich in der Regel die Mutter und in Ausnahmefällen eine andere Kontaktperson intensiv um das Kind kümmert. Das Kind wird beim Füttern im Arm gehalten; es spürt die Körperwärme der Mutter, ihren vertrauten Herzschlag, hört die bekannte Stimme. Es sieht im liebevollen Blick der Mutter seinen Wert widergespiegelt. Das alles bedeutet für das Kind die Atmosphäre einer liebevollen Beziehung. Es ist dabei nicht in erster Linie wichtig, ob das Kind wirklich Muttermilch an der Brust trinkt oder ob es Flaschennahrung bekommt. Wichtig ist die ganz persönliche Zuwendung und die körperliche Nähe der Mutter. Bei diesem Stillvorgang wird ein Kind nicht nur im Magen satt, sondern umfassend an Leib und Seele gesättigt. Man sagt: Der Liebestank wird gefüllt.

Wenn das Kind dann größer ist, äußert sich dieses Prinzip im *gemeinsamen* Spielen oder Vorlesen, im *gemeinsamen* Fernsehen, im *gemeinsamen* Wandern, im *gemeinsamen* Musizieren, bei den *gemeinsamen* Mahlzeiten, in der Begleitung beim Lernen und im Teilnehmen an *gemeinsamen* Unternehmungen.

Voller Freude habe ich zugehört, als meine Enkelkinder mir begeistert berichteten, dass sie häufig mit ihrem Papa so genannte *Stromerspaziergänge* machen. Bei diesen Spaziergängen kommen sie in der Regel zwar verschmutzt und müde nach Hause, aber dafür haben sie Gebüsche erforscht, erste Kletterversuche unternommen, den Verlauf eines Baches erkundet und nicht selten so manche Dinge entdeckt, die so im Wasser herumschwimmen.

Aber es geht nicht nur um gemeinsame Unternehmungen. Auch dann, wenn ein Kind hingefallen ist oder ein Heranwachsender eine schwere Enttäuschung erlitten hat, sollte ihnen von Seiten der Eltern durch Zuwendung Trost gespendet werden.

Ich benutze auch bei meinen Enkelkindern immer noch gerne die alten Kinderlieder, die meist in Sing-Sang-Form den Rhythmus für das Wiegen oder Streicheln des traurigen Kindes angeben und in Worten dem Kind mitteilen, dass diese Phase der Traurigkeit zwar nicht schön ist, aber vorübergehen wird. Diese Liedchen enden fast alle mit der Perspektive, dass jeder Schmerz einmal vergehen wird. Bei Mädchen nicht selten mit dem Ausspruch, dass bis zur Hochzeit alles wieder gut ist.

Je älter ein Kind wird, desto wichtiger werden gemeinsame Gespräche. Meiner Erfahrung nach ist das Mittagessen eine der wichtigsten Möglichkeiten, um mit Schulkindern in Kontakt zu bleiben und zu erfahren, was sie bewegt. Mütter mit mehreren Schulkindern empfinden darum das Mittagessen oft als sehr anstrengend, weil die Kinder vom Schultag noch so angefüllt sind, dass sie übersprudeln und alle am liebsten gleichzeitig erzählen wollen.

Bei noch älteren Kindern muss man dann schon sehr aufmerksam die Möglichkeiten suchen, um mit ihnen wirklich im Gespräch zu bleiben. Gemeinsame Unternehmungen wie zum Beispiel ein Spaziergang oder sportliche Aktivitäten wie das Laufen oder Badminton spielen, bieten dazu gute Gelegenheiten.

Mein Vater hat in mir die Liebe zum Renovieren und Restaurieren geweckt, weil ich ihm bei den vielen kleinen

Reparaturen, die er im Haus selber ausführte, helfen durfte. Dabei zeigte er mir geduldig alle Handgriffe und er sparte auch nicht mit Lob, wenn mir etwas gelungen war. Und natürlich sprachen wir in dieser Zeit über Gott und die Welt.

Meine Großmutter habe ich häufig in den Sommerferien besucht. Weil modische Kleidung für unser Familienbudget meist zu teuer war, tat sie mir den Gefallen, mir aus aufgetrennten Kleidern und preiswerten neuen Stoffen meine modischen Wünsche so gut sie konnte zu erfüllen. Dabei nutzte sie diese Gelegenheiten, um mit mir Gespräche zu führen. Ich bin ihr heute noch dankbar dafür, dass sie mich in diesen Gesprächen an ihrer Lebenserfahrung teilhaben ließ.

Einmal erzählte sie mir, wie sie sich zum ersten Mal verliebt hatte und wie sie so allmählich in Erfahrung brachte, dass Verliebtheit etwas anderes ist als Liebe. So wuchs ein Vertrauensverhältnis zwischen uns, das mich auch in Zeiten großer innerer Zerrissenheit trug. Es gab keine Frage, die ich ihr nicht stellen durfte und die sie nicht ernst genommen hätte – auch wenn sie nicht alle Antworten wusste. Gerade dass sie das zugeben konnte, hat mein Vertrauen wachsen lassen.

Vielleicht ist jetzt schon deutlich geworden, dass es beim Prinzip des Stillens keines großen materiellen Reichtums bedarf. Ich möchte an dieser Stelle noch einmal an die Geschichte des Kett-Cars erinnern, das mein Sohn Kristian vom Sperrmüll holte. Man muss auch nicht erst Pädagogik studiert haben, um dieses Prinzip leben zu können. Es bedarf lediglich der Bereitschaft und der Freude daran, sich seinem Kind als Begleitung zur Verfügung zu stellen und das Leben mit ihm zu teilen. Es bedarf ebenfalls der Bereitschaft zur *Zu-neigung*, zum *Entgegen-kommen*, also zur Liebe. Und das gilt im Übrigen nicht nur für die Erziehung von Kindern, sondern ebenso für Freundschaften und Partnerschaften.

Bei diesem Prinzip steht das Wohl des Kindes und die Liebe zum Kind im Mittelpunkt. Die wesentlichste Erziehungsfrage ist dann: „Was will ich meinem Kind in dieser Situation fürs Leben mitgeben?"

Wenn dieses Prinzip angewendet wird, dann haben festgelegte Ansprüche wie zum Beispiel, dass jedes Kind nach seinem 3. Geburtstag ein Anrecht auf einen Kindergartenplatz hat oder gar, dass für noch kleinere Kinder mehr Krippenplätze eingerichtet werden müssen, damit beide Eltern – unbelastet von Erziehungsaufgaben – weiter an ihrer beruflichen Karriere arbeiten können, keinen Raum. Denn meiner Meinung nach und nach der vieler Erzieherinnen sind die wenigsten Kinder mit dem dritten Geburtstag automatisch in der Lage, auf die ganz persönliche Zuwendung ihrer Mutter zu verzichten und über viele Stunden ihre Abwesenheit zu ertragen.

Der Mensch ist normalerweise eine Frühgeburt oder auch als Nesthocker zu bezeichnen. Das zeigt sich schon daran, dass er anders als viele Säugetiere direkt nach seiner Geburt weder gehen noch selbst für seine Nahrung sorgen und auch nicht sprechen kann.

Was die menschliche Seele und die Entwicklung seiner Persönlichkeit angeht, ist die Unreife bei der Geburt noch viel deutlicher. Erst nach zirka sechs Wochen nimmt ein Kind sein Gegenüber bewusst wahr. Es lächelt, wenn sich ein anderer Mensch ihm zuwendet. Mit ungefähr sechs Monaten beginnt dann ein Baby zu „fremdeln", das heißt, es kann jetzt vertraute Menschen von Fremden unterscheiden; ein kleiner Schritt hin zu der Fähigkeit, sich selbst zu schützen.

Aber erst mit zwei bis drei Jahren festigt sich seine Persönlichkeit so weit, dass es „Ich" sagt. Bis dahin bezeichnet das Kind sich so, wie seine Umwelt es nennt (Lizzi will auch ...).

Und erst im Trotzalter lernt es sich von den Menschen und Vorstellungen anderer abzugrenzen, was man als seelische Geburt eines Menschen bezeichnen kann. Bis dahin – und das bedeutet etwa, bis es dreieinhalb bis vier Jahre alt ist –, braucht das Kind, soll es sich gesund entwickeln, sein vertrautes „Nest", das heißt sein Zuhause, seine Mutter oder eine andere ihm vertraute Bezugsperson.

Erst vor kurzem, als ich in einem Kindergarten einen Vortrag hielt, bestätigte mir die Kindergartenleiterin, dass sehr viele Kinder nicht einmal die äußeren Merkmale für die Kindergartenreife mitbringen wie beispielsweise ausreichende sprachliche Fähigkeiten oder trocken zu sein und zur Toilette gehen zu können, geschweige denn die seelischen Fähigkeiten für diesen starken Einschnitt in ihr Leben, den entscheidenden Schritt aus ihrem Schutzraum bei der Mutter heraus in die Außenwelt. Doch irgendwann zwischen dem dritten und vierten Lebensjahr wird ein ausreichend *gestilltes* Kind so weit mit direkter Zuwendung gesättigt sein, dass es auf die ganz direkte Zuwendung der Mutter für den großen Zeitraum von etwa vier Stunden verzichten kann.

Kinder fügen sich in der Regel jedoch nach einiger Zeit, auch wenn sie für diesen Schritt noch nicht bereit sind, in ihre Situation, zumal ja das *Unterhaltungsprogramm* im Kindergarten und die vielen anderen Kinder durchaus ihren Reiz haben.

Wird ein Kind in ausreichender Weise, und ich meine damit nicht in idealer Weise (denn dazu ist kein Mensch fähig), im Prinzip des Stillens groß, so wird das Ergebnis eine grundsätzliche Zufriedenheit im Leben sein. Und Zufriedenheit ist ebenfalls ein gutes Bollwerk gegen eine Sucht.

Das Prinzip des „Abspeisens"

Ich habe in der Überschrift ein vergleichsweise harmloses Wort für dieses Prinzip verwandt. Im Volksmund kennen wir jedoch noch einen anderen Ausdruck dafür und zwar „das Maul stopfen". Bei diesem Prinzip steht die persönliche Zuwendung und Hingabe an das Kind, den Jugendlichen, den Freund, den Partner zum größten Teil hinter materiellen Gaben zurück. Man kann auch sagen, die Mutter, die Eltern, die Großeltern, der Partner kaufen sich *frei*. Hauptkennzeichen dieses Prinzips ist die materielle Verwöhnung. Ganz praktisch bedeutet das, dass bei Kummer durch Geschenke Trost gespendet wird und nicht durch persönliche emotionale Zuwendung.

Wenn ich mit Teilnehmern an meinen Vorträgen über die Vorteile dieses Prinzips spreche, taucht sehr häufig das Wort „Förderung" auf. Förderung durch pädagogisch wertvolles Spielzeug, durch Kurse, verschiedene Sportangebote, durch teure Computerspiele, einen eigenen Fernseher, vielleicht sogar durch fremdsprachige Au-Pair-Mädchen, damit das Kind zweisprachig groß wird. Wenn ich mit manchen Müttern, die dieses Prinzip angewandt haben, spreche, beklagen sie sich häufig darüber, dass sie quasi zum Taxifahrer für ihre Kinder geworden seien, die sie von einer Förderveranstaltung zur nächsten chauffieren. Und das ist auch nicht verwunderlich, denn mit der Zeit richten sich die Wünsche der Kinder natürlich nach solchen Angeboten aus.

Nicht zuletzt basiert auf dieser Erkenntnis auch die Werbung, für die von vielen Firmen Millionen von Euro ausgegeben werden. Denn sie wissen, dass sie auf diese Weise die Wünsche der Menschen manipulieren können. Teure Markenklamotten, Produkte der Unterhaltungsindustrie, die gerade *in* sind, stehen dann ganz oben auf der Wunschliste. Abgespeiste Kinder verlangen nach immer mehr Abspeisung. Sie kennen ja nichts anderes. So ist es kein Wunder, dass gemeinsame Unternehmungen mit der Familie oder mit den Eltern kein Interesse mehr finden und nicht wertgeschätzt werden. Und oft wird der Mangel sogar nicht einmal bemerkt, weil ohnehin niemand in der Familie für diese Dinge Zeit hätte. Meine Großmutter, von der ich bereits berichtet habe, hat mir in einem Gespräch über solche bedauernswerten Menschen, die ich in meiner unreifen Sichtweise aber um all das beneidete, was sie hatten und durften, gesagt: „Kind, je weniger einer in sich hat, desto mehr muss er an sich hängen." Und in diesem „muss er an sich hängen" wird bereits der Suchtansatz deutlich.

Das Ergebnis dieses Prinzips der *Abspeisung*, die ja niemals vollkommen satt macht, ist innere Leere („je weniger einer in sich hat"), *null Bock* und Unzufriedenheit. Doch das sind wiederum die Einfallstore für eine hohe Suchtgefährdung. Wenn es stimmt, was meine Großmutter mir gesagt hat, dass je weniger einer in sich hat, er umso mehr an sich hängen muss – und ich bin überzeugt, dass es stimmt –, dann muss uns der Konsumzwang, der unsere Jugendlichen heute beherrscht, sehr zu denken geben.

Zum Beispiel die Tatsache, dass Kinder sich weigern in die Schule zu gehen, wenn sie bestimmte Markenkleidung nicht tragen, weil sie dann von ihren Schulkameraden nicht akzeptiert werden. Das ist ein Hinweis darauf, wie leer das Leben dieser Heranwachsenden ist, wie wenig sie in sich haben. Ich meine damit auch, wie wenig *Selbst-Bewusstsein* sie haben. Die Mutter eines solchen Halbwüchsigen, der Markenklamotten verlangte, erklärte mir den Sachverhalt so, dass ihr Sohn eben schon ein ausgeprägtes Markenbewusstsein habe. Markenbewusstsein an Stelle von Selbstbewusstsein!

Im Folgenden seien noch einmal beide Prinzipien einander gegenübergestellt:

Das Stillen	*Das Abspeisen*
Die Gegenwart der Bezugsperson, ihre Zeit, ihr Interesse, ihre Liebe sind die Grundlagen, das Wichtigste.	Materielle Güter und Förderung durch viele Spezialisten (Nachhilfelehrer, Sporttrainer ...) sind wichtiger als die direkte Beziehung zu einer Bezugsperson.
Der Liebestank ist gut gefüllt.	Der Liebestank ist mangelhaft gefüllt, stattdessen aber Ersatztanks.
Das Kind entwickelt Selbstständigkeit und Selbstbewusstsein (Ich bin *geliebt*!).	Das Kind entwickelt ein Scheinselbstbewusstsein, zum Beispiel Modebewusstsein statt echtes Selbstbewusstsein (ich brauche Markenklamotten, um *wertvoll* zu sein).
Es stellt sich eine Grundzufriedenheit und Zuversichtlichkeit ein.	Eine Grundunzufriedenheit, mangelndes Selbstbewusstsein und mangelnde Krisenfähigkeit sind die Folgen.
Das Kind kann mit Krisen umgehen.	Das Kind entwickelt eine Abhängigkeit von bestimmten Stabilisatoren (Ersatzbefriediger oder Drogen). Am Schluss steht eine hohe Suchtgefährdung.

Wie geht unsere Gesellschaft mit Sucht beziehungsweise Versüchtelung um?

Sucht wird gesellschaftsfähig

Wir haben heute einen Normalitätsbegriff, der sich daran misst, was die Mehrheit tut. Das heißt, das, was viele Menschen tun, ist normal. Dieser Normalitätsbegriff ist an die Stelle von Wertmaßstäben getreten. Auf meine Frage, was für einen Sinn denn dieses oder jenes Verhalten hätte, antworteten mir meine Patienten häufig: „Das tun doch alle, das ist doch normal." Was normal ist, ist durch Werbung und Zeitgeistströmungen manipulierbar und nicht beständig.

Heute heißt das „Wertewandel". Aber wenn man einmal genauer hinsieht, so handelt es sich in Wahrheit um einen Werteverlust. Wenn zum Beispiel Fremdgehen zur Normalität wird, dann hat sich der Wert der Treue nicht gewandelt, sondern ist verloren gegangen.

Ich erinnere mich heute noch an einen wichtigen Rat, den die Schulleiterin uns Eltern gab, als meine Kinder in die Pubertät kamen. Sie machte uns darauf aufmerksam, dass unsere Kinder versuchen würden, ihre Wünsche durchzusetzen, indem sie uns sagen: „Das tun aber doch alle!" Sie gab uns den Rat, nachzufragen, wer „alle" seien, und versprach uns, dass unsere Kinder von den 25 Schülern, die damals in einer Klasse waren, allerhöchstens sieben oder acht Namen nennen würden. Auf diese

Weise, so sagte sie uns, kämen wir mit unseren Kindern in ein Gespräch darüber, dass sie dem falschen Eindruck, alle täten das, aufgesessen wären. Sie sollte Recht behalten.

Ich glaube, dass dies auch heute noch ein guter Rat ist. Denn den Heranwachsenden wird insbesondere durch das Fernsehen vermittelt, was alle tun, was also normal, ihr gutes Recht, ja geradezu ihre Bürgerpflicht ist, wenn sie *in* sein wollen. Und *in* sein meint anerkannt zu sein, dazuzugehören. In vielen Fernsehserien und Filmen ist es zum Beispiel üblich, dass man, sobald man allein oder in Gesellschaft ein Zimmer betritt, sofort die Bar aufsucht, an der man einen Drink nimmt. Das hat mit Durst nichts zu tun, erweckt aber den Eindruck, als sei es im Erwachsenenalter ein genauso normales Bedürfnis, Alkohol zu trinken wie zur Toilette zu gehen oder nachts zu schlafen.

Und auch die Werbung, deren leicht eingängige Slogans heute schon Kleinkinder auswendig aufsagen können, zeigt uns, welche Produkte man verwenden muss, damit man *wertvoll* ist („Weil ich es mir wert bin!").

Meine Tochter erklärte mir neulich im Gespräch darüber, dass viele junge Männer heute eine bestimmte Hosenmode tragen, dass dies bei Teenys ein absolutes *Must* sei. *Must* ist englisch und bedeutet auf Deutsch *Muss*. Junge Männer müssen also solche Hosen tragen, damit sie etwas wert sind. Auf diese Weise wird suchthaftes Leben als Normalität hingestellt, denn wenn man etwas tun muss, dann hat das mit Freiheit nichts mehr zu tun. Suchthaftes Leben bedeutet vielmehr, dass alle, die etwas Bestimmtes nicht mitmachen, die Un-Normalen sind.

Aus einer Not wird eine Tugend gemacht

Diesen Sachverhalt möchte ich am Beispiel des Umgangs mit der Sexualität deutlich machen. Eigentlich ist die Tatsache, dass Menschen nicht aufeinander warten, sich nicht erst einmal kennen lernen können, bevor sie Sex haben, ein Hinweis darauf, dass sie nur im beschränkten Maße liebesfähig sind. Hier finden wir also wieder einen Hinweis auf die Unreife der Persönlichkeit. Auch die Abkopplung der Sexualität von Liebe, also die Erfüllung eines sexuellen Bedürfnisses mit einem Menschen, ohne dass man diesen Menschen in seiner ganzen Person kennt und liebt, ist eine *Not-Lösung*. Aber wir sehen in den Medien, in den Illustrierten oder im Fernsehen, dass es erstrebenswert sein muss, möglichst schnell und oft Sex zu haben. Nicht nur James Bond und andere Fernseh-*Helden* zeigen uns, dass ein *richtiger* Mann andauernd auf Sex lauert und auf diesem Gebiet täglich – möglichst mehrmals – erfolgreich ist. Inzwischen rechnen es sich sogar Frauen als emanzipatorischen Erfolg an, es den Männern gleichzutun.

Aber auch andere Mangelware des Charakters, Charakterschwächen, so versprechen es uns die Medien, können durch ein suchthaftes Leben ausgeglichen werden.

Manchmal kam mir schon der Gedanke, dass die Werbe-Strategen sehr gut über die Sehnsüchte der Menschen Bescheid wissen und dies ausnützen, um sie in die Irre zu führen. „Come together" – „Kommt zusammen" ist ein beliebter Werbetrick, um Menschen einzureden, dass sie durch den Genuss einer Zigarette oder durch Alkohol kontaktfreudig und beziehungsfähig werden. Natürlich ist das Gegenteil der Fall! Denn wer ständig einen bestimmten Alkoholgehalt im Blut braucht, um mit Menschen auf lockere Weise ins Gespräch zu kommen, der ist extrem kontaktgestört. Und wer nur über den Weg, jemandem für eine Zigarette Feuer anzubieten, mit anderen ins Gespräch kommt, der ist in Wirklichkeit wenig zuneigungsfähig. Gleichzeitig miteinander in einem Raum zu rauchen oder etwas zu trinken, schafft doch keine Gemeinschaft.

Wirkliche Tugend wird abgewertet

Im Gegensatz zu dem oben beschriebenen Verhalten wird jedoch der Verzicht auf ein suchtartiges Leben als Schwäche oder sogar als Genuss-Unfähigkeit lächerlich gemacht. „Diese Typen (!) brauchen eigentlich nur einen Kopf, sonst nichts." Das äußerte einmal ein (meiner Meinung nach sexsüchtiger) Prominenter in einer Fernsehshow über solche Menschen, die monogam leben, die also Treue für wertvoll halten.

„Warum soll ich auf etwas verzichten, was ich jederzeit haben kann?", fragte mich einmal ein Jugendlicher in einer Diskussion über Werte.

Meine Antwort darauf lautete: „Weil du sonst deine Genussfähigkeit verlierst!"

Verzicht – und ich meine hier eine sehr bewusste Entscheidung zu verzichten (nicht, sich aus irgendwelchen Ängsten heraus etwas zu verkneifen) – ist die Voraussetzung dafür, dass wir genießen können. Alles, was wir jederzeit konsumieren, wird für uns immer wertloser.

Denken Sie nur daran, welch ein Genuss eine schöne warme Dusche ist, wenn man länger darauf verzichten musste – zum Beispiel nach einer tagelangen Wanderung mit Unterkunft in einfachen Berghütten. Oder wie dankbar man nach einem Urlaub wieder für die gewohnten Bequemlichkeiten der eigenen Wohnung ist ... Das ist das eigentliche Prinzip der Sucht, dass immer neue und stärkere Reize notwendig sind, weil die Zufriedenheit, die nach einem echten Genuss eintritt, sich nicht mehr einstellen will.

Ich habe selbst einmal ein halbes Jahr lang aus Solidarität keinen Tropfen Alkohol getrunken und bin heute dankbar für diese Zeit, in der ich zum ersten Mal wirklich *wahr-genommen* habe, wie viele erniedrigende Bemerkungen einem Abstinenzler gegenüber gemacht werden, die einen suchtkranken Menschen verletzen und demütigen. Ich habe in dieser Zeit auch herausgefunden, dass diejenigen Menschen, die Sucht gesellschaftsfähig machen, diese Bemerkungen machen müssen. Denn sie sind oftmals durch das Verhalten eines anderen, der ein suchthaftes Leben nicht als normal ansieht, sondern wirklich bewusst und frei lebt, höchst beunruhigt.

Suchthaftes, also unfreies Leben wird als Freiheit verkauft

Bei diesem Prinzip wird das Diabolische (Diabolos = der Verdreher, der Durcheinanderwerfer) besonders deutlich. Halten Sie einmal kurz inne und versuchen Sie sich an einige bekannte Werbeslogans zu erinnern, die mit „Freiheit" zu tun haben. Mir fallen sofort folgende ein:

„Ich bin so frei!"

„Ich rauche gern."

„Der Duft der großen weiten Welt."

Alle diese Slogans preisen Zigaretten an, das meistverkaufte Suchtmittel unserer Zeit. Und die Bilder, die dazu gezeigt werden, sind fast noch gefährlicher als die gesprochenen Worte, denn sie werden viel unkritischer von unserer Seele aufgenommen als Worte. Bilder prägen sich unserer Seele ein und mogeln sich an unserem kritischen Verstand vorbei. Wir sind ihnen also noch schutzloser ausgeliefert. Das können unberührte Naturlandschaften sein, die grenzenlose Freiheit vorgaukeln, mit Vogelgezwitscher und dem Gurgeln eines in unserer Vorstellung klaren Waldbächleins. Dazu einige Cowboys, die nur nach ihren eigenen Regeln leben, fröhliche Menschen, die offenbar der Enge des Alltags entflohen sind. Selbstverständlich sind alle jung und schön, meist tanzend und feiernd. All das suggeriert uns, wie erstrebenswert dieser suchthafte Lebensstil doch ist und wie dumm und unfrei derjenige ist, der nicht mitmacht.

Dabei ist genau das Gegenteil der Fall: Rauchen ist Unfreiheit und Abhängigkeit. Unsere Lungen und Gefäße werden verschmutzt. Die Lebensqualität nimmt ab, nicht zu. Und Raucherhusten, Lungenkrebs oder Raucherbeine sind keinesfalls vergnüglich, sondern schmerzhaft und nicht selten tödlich.

Auch der Alkohol schafft keine guten Beziehungen. Er führt nicht zu Gemeinschaft, sondern zerstört Partnerschaften und Familien. Zuletzt bleibt in der Einsamkeit nur noch die Flasche als Begleiter.

Nachwort zu Teil 1

Ich las neulich den Satz: „Je liberaler eine Gesellschaft ist, desto notwendiger ist individuelle Erziehung." Das heißt, je weniger in einer Gesellschaft das Zusammenleben durch feste Gesetze, durch Regeln und Traditionen geregelt ist, desto *not-wendiger* ist es, dass der einzelne Mensch durch Vorbild und Übung (also Erziehung) Eigenschaften und Wertvorstellungen erwirbt, die ihm helfen und ihn dazu befähigen, seinen Weg zu einem persönlichen, verantwortungsvollen Lebensstil zu finden und ihn dann auch zu gehen.

In einem Bild ausgedrückt bedeutet das: Je weniger der Lebensweg eines Menschen durch Geländer, Absperrungen oder Markierungen vorgeschrieben und abgesichert ist, desto notwendiger ist es, dass dieser Mensch einen Kompass besitzt und richtig einsetzen kann, dass er Wanderkarten lesen kann, gut trainiert ist, sich selbst motivieren kann, Zielvorstellungen entwickelt und sein Ziel im Auge behält.

Um bei diesem Bild zu verweilen: Heute haben wir die Situation, dass Geländer und Wegmarkierungen, Ge- und Verbote, ja sogar Wegweiser weitgehend abgeschafft wurden. Dort, wo sie aber doch noch vorhanden sind, werden sie oft lächerlich gemacht und als spießig abgetan. So bleibt der einzelne Mensch weitgehend ohne wertvolle Vorbilder und Erziehung. Vorbildfunktion und Erziehungsfähigkeit nennen wir im allgemeinen Autorität. Die anti-autoritäre Erziehung hat nicht nur den Missbrauch der Autorität, sondern auch überhaupt die Achtung vor jeglicher Autorität abgeschafft.

Doch die Einübung wichtiger Fähigkeiten für das Leben kann weder ohne Zwang noch ohne Angst wirklich erfolgreich sein. Denn hätten wir zum Beispiel keine Schulpflicht, wäre vermutlich ein geregelter Unterricht nicht möglich, weil selten alle Kinder in der Klasse wären und die Zahl derer, die nicht lesen und schreiben könnten, rapide anwachsen würde. Deshalb ist es gut, dass Eltern gezwungen werden, ihre Kinder regelmäßig in die Schule zu schicken, damit die Zahl derer, die später auf dem Arbeitsmarkt chancenlos sind, möglichst klein ist. Aber auch die Angst vor allen neuen Dingen ist eine völlig normale Reaktion. Denn sie soll uns vorsichtig machen, uns zeigen, dass eine neue Aufgabe umsichtig angegangen werden muss und uns auffordern, unsere Kräfte zu mobilisieren und gut einzuteilen.

Doch der zwang- sowie angstfreie Erziehungsanspruch hat auch das zunichte gemacht. Im Französischen heißt anti-autoritäre Erziehung *laisser faire*, wörtlich übersetzt: „machen lassen". Das heißt doch, dass heute junge Menschen auf einen sicher nicht leichter gewordenen Lebensweg geschickt werden mit dem Aufruf: „Nun mach mal, wie du selber glaubst!" Deshalb darf es uns eigentlich doch gar nicht wundern, dass sie unter diesen, im wahrsten Sinne des Wortes, unmöglichen Bedingungen Verführern und Trugbildern nachlaufen, die allesamt in der Sackgasse mit dem Namen „Suchthaftes Leben" enden.

Die entscheidende Frage für uns (Erzieher) aber bleibt: „Wird dieses Kind mit jedem Schritt in sein weiteres Leben aus dem einen Glauben leben können, der ihm die Sicherheit gibt, von Gott in dieses Leben gerufen zu sein: ‚Ich habe dich bei deinem Namen gerufen. Du bist mein‘ oder wird die Selbstherrlichkeit, Selbstliebe und menschliche Größenphantasien zu einem Leben führen, das sich in der Anmaßung kindlicher Allmachtsvorstellungen hoch über seinen Schöpfer setzen möchte?“

Tobias Brocher: Zwischen Angst und Übermut, Kreuz Verlag, 1985 (S. 127)

Teil 2
Eine theo-logische Erklärung

Einführung

Der große Wissenschaftler Sigmund Freud hat mit seiner Entdeckung der Psychoanalyse bewiesen, dass wir Menschen über unser bewusstes Gedächtnis hinaus noch viele Informationen in uns tragen, also ein unbewusstes Gedächtnis haben. Dieses unbewusste Gedächtnis beeinflusst unsere Lebenseinstellung, unsere Taten, unsere Beziehungsgestaltung, ja unsere Körperfunktionen. Alles, was wir in den ersten drei Lebensjahren, in denen unser Gehirn noch nicht so ausgereift ist, dass es bewusste Erinnerungen speichern kann, erleben, bleibt im Unbewussten haften. Aber auch Erlebnisse, die, wie Freud sagte, nicht im Licht des Bewusstseins verarbeitet werden können, landen im Unbewussten. Manche Psychologen sagen auch, das Unbewusste sei eine Art Rumpelkammer der Seele. Dinge, die zwar wichtig sind, aber im bewussten Leben entweder nicht genutzt werden können oder aber lästig oder peinlich wären, werden dorthin verlagert. Das geschieht nicht willentlich, sondern unwillkürlich.

Es sprechen aber auch viele Anzeichen dafür, dass dieses Unbewusste viel mehr enthält, insbesondere Sehnsüchte und Erfahrungen aus der gesamten Zeit der Menschheitsentwicklung. Ich habe zum Beispiel zu Hause eine Sammlung von Märchen aus allen Teilen der Welt und weiß, nachdem ich diese gelesen habe, dass die großen Märchenthemen (Umgang mit Versuchungen, Rivalität, Tapferkeit oder Feigheit, Faulheit oder Fleiß sein und deren Folgen ...) bei allen Völkern vorkommen, jeweils eingebettet in deren eigene Traditionen und Landschaften. Ein anderer großer Psychologe, der etwa zur gleichen Zeit wie Sigmund Freud gelebt hat, C. G. Jung, schloss aus seinen Forschungen, dass die Menschen über ein kollektives Unterbewusstsein verfügen, einen unbewussten Erinnerungsschatz, der weit über die eigene Lebensgeschichte hinausreicht. Vielleicht hängt es damit zusammen, dass manche Menschen, die möglicherweise mehr Zugang zu diesem Erinnerungsschatz haben als andere, das Gefühl haben, schon mehrmals gelebt zu haben und deshalb an die Reinkarnation (die Lehre von der stetigen Wiedergeburt) glauben.

Ich möchte aus diesem Wissen eine Behauptung herleiten, auf der der 2. Teil dieses Buches aufbaut: Wir Menschen haben eine unbewusste Erinnerung an die Zeit im Paradies, die Vertreibung aus dem Paradies und eine daraus erwachsende Sehnsucht nach dem Paradies, nach den Bedingungen, in denen die ersten Menschen, unsere Vorfahren, lebten.

Die Schöpfungsgeschichte
1. Mose 1-3

Die Schöpfung

Kapitel 1

Am Anfang schuf Gott Himmel und Erde. Und die Erde war wüst und leer, und es war finster auf der Tiefe; und der Geist Gottes schwebte auf dem Wasser.

Und Gott sprach: Es werde Licht! Und es ward Licht. Und Gott sah, dass das Licht gut war. Da schied Gott das Licht von der Finsternis und nannte das Licht Tag und die Finsternis Nacht. Da ward aus Abend und Morgen der erste Tag.

Und Gott sprach: Es werde eine Feste zwischen den Wassern. Da machte Gott die Feste und schied das Wasser unter der Feste von dem Wasser über der Feste. Und es geschah so. Und Gott nannte die Feste Himmel. Da ward aus Abend und Morgen der zweite Tag.

Und Gott sprach: Es sammle sich das Wasser unter dem Himmel an besondere Orte, dass man das Trockene sehe. Und es geschah so. Und Gott nannte das Trockene Erde, und die Sammlung der Wasser nannte er Meer. Und Gott sah, dass es gut war. Und Gott sprach: Es lasse die Erde aufgehen Gras und Kraut, das Samen bringe, und fruchtbare Bäume auf Erden, die ein jeder nach seiner Art Früchte tragen, in denen ihr Same ist. Und es geschah so. Und die Erde ließ aufgehen Gras und Kraut, das Samen bringt, ein jedes nach seiner Art, und Bäume, die da

Früchte tragen, in denen ihr Same ist, ein jeder nach seiner Art. Und Gott sah, dass es gut war. Da ward aus Abend und Morgen der dritte Tag.

Und Gott sprach: Es werden Lichter an der Feste des Himmels, die da scheiden Tag und Nacht und geben Zeichen, Zeiten, Tage und Jahre und seien Lichter an der Feste des Himmels, dass sie scheinen auf die Erde. Und es geschah so. Und Gott machte zwei große Lichter: ein großes Licht, das den Tag regiere, und ein kleines Licht, das die Nacht regiere, dazu auch die Sterne. Und Gott setzte sie an die Feste des Himmels, dass sie schienen auf die Erde und den Tag und die Nacht regierten und schieden Licht und Finsternis. Und Gott sah, dass es gut war. Da ward aus Abend und Morgen der vierte Tag.

Und Gott sprach: Es wimmle das Wasser von lebendigem Getier, und Vögel sollen fliegen auf Erden unter der Feste des Himmels. Und Gott schuf große Walfische und alles Getier, das da lebt und webt, davon das Wasser wimmelt, ein jedes nach seiner Art, und alle gefiederten Vögel, einen jeden nach seiner Art. Und Gott sah, dass es gut war. Und Gott segnete sie und sprach: Seid fruchtbar und mehret euch und erfüllet das Wasser im Meer, und die Vögel sollen sich mehren auf Erden. Da ward aus Abend und Morgen der fünfte Tag.

Und Gott sprach: Die Erde bringe hervor lebendiges Getier, ein jedes nach seiner Art: Vieh, Gewürm und Tiere des Feldes, ein jedes nach seiner Art. Und es geschah so. Und Gott machte die Tiere des Feldes, ein jedes nach seiner Art, und das Vieh nach seiner Art und alles Gewürm des Erdbodens nach seiner Art. Und Gott sah, dass es gut war.

Und Gott sprach: Lasset uns Menschen machen, ein Bild, das uns gleich sei, die da herrschen über die Fische im Meer und über die Vögel unter dem Himmel und über das Vieh und über alle Tiere des Feldes und über alles Gewürm, das auf Erden kriecht. Und Gott schuf den Menschen zu seinem Bilde, zum Bilde Gottes schuf er ihn; und schuf sie als Mann und Frau. Und Gott segnete sie und sprach zu ihnen: Seid fruchtbar und mehret euch und füllet die Erde und machet sie euch untertan und herrschet über die Fische im Meer und über die Vögel unter dem Himmel und über das Vieh und über alles Getier, das auf Erden kriecht. Und Gott sprach: Sehet da, ich habe euch gegeben alle Pflanzen, die Samen bringen, auf der ganzen Erde, und alle Bäume mit Früchten, die Samen bringen, zu eurer Speise. Aber allen Tieren auf Erden und allen Vögeln unter dem Himmel und allem Gewürm, das auf Erden lebt, habe ich alles grüne Kraut zur Nahrung gegeben. Und es geschah so. Und Gott sah an alles, was er gemacht hatte, und siehe, es war sehr gut. Da ward aus Abend und Morgen der sechste Tag.

Kapitel 2

So wurden vollendet Himmel und Erde mit ihrem ganzen Heer. Und so vollendete Gott am siebenten Tage seine Werke, die er machte, und ruhte am siebenten Tage von allen seinen Werken, die er gemacht hatte. Und Gott segnete den siebenten Tag und heiligte ihn, weil er an ihm ruhte von allen seinen Werken, die Gott geschaffen und gemacht hatte.

So sind Himmel und Erde geworden, als sie geschaffen wurden.

Das Paradies

Es war zu der Zeit, da Gott der Herr Erde und Himmel machte. Und alle die Sträucher auf dem Felde waren noch nicht auf Erden, und all das Kraut auf dem Felde war noch nicht gewachsen; denn Gott der Herr hatte noch nicht regnen lassen auf Erden, und kein Mensch war da, der das Land bebaute; aber ein Nebel stieg auf von der Erde und feuchtete alles Land. Da machte Gott der Herr den Menschen aus Erde vom Acker und blies ihm den Odem des Lebens in seine Nase. Und so ward der Mensch ein lebendiges Wesen.

Und Gott der Herr pflanzte einen Garten in Eden gegen Osten hin und setzte den Menschen hinein, den er gemacht hatte. Und Gott der Herr ließ aufwachsen aus der Erde allerlei Bäume, verlockend anzusehen und gut zu essen, und den Baum des Lebens mitten im Garten und den Baum der Erkenntnis des Guten und Bösen.

Und es ging aus von Eden ein Strom, den Garten zu bewässern, und teilte sich von da in vier Hauptarme. Der erste heißt Pischon, der fließt um das ganze Land Hawila und dort findet man Gold; und das Gold des Landes ist kostbar. Auch findet man da Bedolachharz und den Edelstein Schoham. Der zweite Strom heißt Gihon, der fließt um das ganze Land Kusch. Der dritte Strom heißt Tigris, der fließt östlich von Assyrien. Der vierte Strom ist der Euphrat.

Und Gott der Herr nahm den Menschen und setzte ihn in den Garten Eden, dass er ihn bebaute und bewahrte. Und Gott der Herr gebot dem Menschen und sprach: Du darfst essen von allen Bäumen im Garten, aber von dem Baum der Erkenntnis des Guten und Bösen sollst du nicht essen; denn an dem Tage, da du von ihm isst, musst du des Todes sterben. Und Gott der Herr sprach: Es ist nicht gut, dass der Mensch allein sei; ich will ihm eine Gehilfin machen, die um ihn sei. Und Gott der Herr machte aus Erde alle die Tiere auf dem Felde und alle die Vögel unter dem Himmel und brachte sie zu dem Menschen, dass er sähe, wie er sie nennte; denn wie der Mensch jedes Tier nennen würde, so sollte es heißen. Und der Mensch gab einem jeden Vieh und Vogel unter dem Himmel und Tier auf dem Felde seinen Namen; aber für den Menschen ward keine Gehilfin gefunden, die um ihn wäre.

Da ließ Gott der Herr einen tiefen Schlaf fallen auf den Menschen, und er schlief ein. Und er nahm eine seiner Rippen und schloss die Stelle mit Fleisch. Und Gott der Herr baute eine Frau aus der Rippe, die er von dem Menschen nahm, und brachte sie zu ihm. Da sprach der Mensch: Das ist doch Bein von meinem Bein und Fleisch von meinem Fleisch; man wird sie Männin nennen, weil sie vom Manne genommen ist. Darum wird ein Mann seinen Vater und seine Mutter verlassen und seiner Frau anhangen, und sie werden sein ein Fleisch. Und sie waren beide nackt, der Mensch und seine Frau, und schämten sich nicht.

Der Sündenfall

Kapitel 3

Aber die Schlange war listiger als alle Tiere auf dem Felde, die Gott der Herr gemacht hatte, und sprach zu der Frau: Ja, sollte Gott gesagt haben: Ihr sollt nicht essen von allen Bäumen im Garten? Da sprach die Frau zu der Schlange: Wir essen von den Früchten der Bäume im Garten; aber von den Früchten des Baumes mitten im Garten hat Gott gesagt: Esset nicht davon, rühret sie auch nicht an, dass ihr nicht sterbet! Da sprach die Schlange zur Frau: Ihr werdet keineswegs des Todes sterben, sondern Gott weiß: an dem Tage, da ihr davon esst, werden eure Augen aufgetan, und ihr werdet sein wie Gott und wissen, was gut und böse ist.

Und die Frau sah, dass von dem Baum gut zu essen wäre und dass er eine Lust für die Augen wäre und verlockend, weil er klug machte. Und sie nahm von der Frucht und aß und gab ihrem Mann, der bei ihr war, auch davon und er aß. Da wurden ihnen beiden die Augen aufgetan und sie wurden gewahr, dass sie nackt waren, und flochten Feigenblätter zusammen und machten sich Schurze.

Und sie hörten Gott den Herrn, wie er im Garten ging, als der Tag kühl geworden war. Und Adam versteckte sich mit seiner Frau vor dem Angesicht Gottes des Herrn unter den Bäumen im Garten. Und Gott der Herr rief Adam und sprach zu ihm: Wo bist du? Und er sprach: Ich hörte dich im Garten und fürchtete mich; denn ich bin nackt, darum versteckte ich mich. Und er sprach: Wer hat dir gesagt, dass du nackt bist? Hast du nicht gegessen von dem Baum, von dem ich dir gebot, du solltest nicht davon essen? Da sprach Adam: Die Frau, die du mir zugesellt hast, gab mir von dem Baum und ich aß. Da sprach Gott der Herr zur Frau: Warum hast du das getan? Die Frau sprach: Die Schlange betrog mich, sodass ich aß.

Da sprach Gott der Herr zu der Schlange: Weil du das getan hast, seist du verflucht, verstoßen aus allem Vieh und allen Tieren auf dem Felde. Auf deinem Bauche sollst du kriechen und Erde fressen dein Leben lang. Und ich will Feindschaft setzen zwischen dir und der Frau und zwischen deinem Nachkommen und ihrem Nachkommen; der soll dir den Kopf zertreten, und du wirst ihn in die Ferse stechen.

Und zur Frau sprach er: Ich will dir viel Mühsal schaffen, wenn du schwanger wirst; unter Mühen sollst du Kinder gebären. Und dein Verlangen soll nach deinem Mann sein, aber er soll dein Herr sein.

Und zum Mann sprach er: Weil du gehorcht hast der Stimme deiner Frau und gegessen von dem Baum, von dem ich dir gebot und sprach: Du sollst nicht davon essen –, verflucht sei der Acker um deinetwillen! Mit Mühsal sollst du dich von ihm nähren dein Leben lang. Dornen und Disteln soll er dir tragen, und du sollst das Kraut auf dem Felde essen. Im Schweiße deines Angesichts sollst du dein Brot essen, bis du wieder zu Erde werdest, davon du genommen bist. Denn du bist Erde und sollst zu Erde werden.

Und Adam nannte seine Frau Eva; denn sie wurde die Mutter aller, die da leben. Und Gott der Herr machte Adam und seiner Frau Röcke von Fellen und zog sie ihnen an. Und Gott der Herr sprach: Siehe, der Mensch ist geworden wie unsereiner und weiß, was gut und böse ist. Nun aber, dass er nur nicht ausstrecke seine Hand und breche auch von dem Baum des Lebens und esse und lebe ewiglich! Da wies ihn Gott der Herr aus dem Garten Eden, dass er die Erde bebaute, von der er genommen war. Und er trieb den Menschen hinaus und ließ lagern vor dem Garten Eden die Cherubim mit dem flammenden, blitzenden Schwert, zu bewachen den Weg zu dem Baum des Lebens.

Im Paradies – paradiesische Lebensbedingungen

Wir wollen uns im Folgenden diese Zeit des Menschen im Paradies, wie sie in *1. Mose, Kapitel 1-3* geschildert wird, noch einmal in Erinnerung rufen. In *1. Mose 1,27* erfahren wir, dass Gott den Menschen als sein Abbild schuf, und in *Kapitel 2,7* wird beschrieben, dass Gott selbst den Menschen einen lebendigen Atem einhauchte. Da werden Tatsachen berichtet, die für unser Selbstbewusstsein als Menschen enorm wichtig sind. Wir Menschen sind demnach nicht das bisherige Endprodukt einer anonymen Zufallsentwicklung, sondern jeder einzelne Mensch, also Sie und ich, ist gottesebenbildlich geschaffen und trägt in sich seinen Atem, die Sehnsucht, zu ihm in Beziehung zu treten sowie die Fähigkeit, dies auch zu tun.

In *1. Mose 2* erfahren wir dann, dass Gott diesem ersten Menschen Adam Eva zur Gefährtin gab und sie in eine liebevolle, vertrauensvolle Beziehung zueinander stellte (*Verse 23–25*). Als Heimat schuf er ihnen den Garten Eden mit allerlei Bäumen, schön anzusehen und mit guten Früchten zum Essen. Außerdem gab es klare Flüsse in diesem Garten (*Verse 10–14*) und einen Auftrag für den Menschen, *den Garten zu pflegen und zu schützen* (*Vers 15*). Es war ihnen gestattet, von allen Bäumen zu essen, mit Ausnahme des Baumes der Erkenntnis des Guten und des Bösen. Und Gott erklärte ihnen, dass sie an dem Tag, an dem sie von diesem Baum essen würden, sterben müssten.

Vielleicht geht es Ihnen genauso wie mir, dass eine Sehnsucht nach diesem wunderschönen Geborgensein wach wird, wenn Sie diese Schilderung der Zeit im Paradies noch einmal auf sich wirken lassen: *Die Beziehung der Menschen zu ihrem Schöpfer war völlig ungetrübt.* Sie lebten in seiner Gegenwart, konnten ihn, wann immer sie wollten, treffen und mit ihm sprechen. Diese Tatsache wird besonders nach dem Sündenfall deutlich, als sich beide vor Gott verstecken wollten, während er im Garten umherging. Sie waren reich beschenkt worden und gut versorgt und um sie herum war lauter Schönheit. Kein Schund, kein Schmutz, keine Umweltschäden und kein Elend.

Die ersten Menschen waren liebevoll aufeinander bezogen: „*Darum wird ein Mann seinen Vater und seine Mutter verlassen und seiner Frau anhangen, und sie werden ein Fleisch sein*", 1. Mose 2,24. Und Vers 25 sagt sowohl etwas über die Beziehung der Menschen untereinander als auch über die Beziehung des Menschen zu sich selber aus: Die beiden waren nackt, aber sie schämten sich nicht voreinander. Nackt sein hat hier sicher nicht nur die Bedeutung „ohne Kleider sein", sondern nackt sein heißt auch, keine Vorbehalte voreinander zu haben, den anderen Menschen so zu sehen, wie er ist, und sich selbst zu sehen, wie man ist, aber auch Vertrauen zueinander zu haben und offen füreinander zu sein. Wir können daraus schließen, dass auch *die Beziehung des Menschen zu sich selber in Ordnung war*, dass er keine Selbstzweifel hatte, sich nicht wegen irgendwelcher Eigenschaften schämte, sich nicht anders geben musste, als er eigentlich war und sich nicht verstellen oder zu Notlügen greifen musste.

Solange sie die Anweisung Gottes im Umgang mit der für sie geschaffenen Natur beherzigten, nämlich indem sie den Garten bebauten und bewahrten, war *auch ihre Bezie-*

hung zur Natur ungestört; es gab keine Umweltzerstörung und -verschmutzung, kein Treibhausklima und keine durch den Mensch verursachten Umweltkatastrophen.

Vergleichen Sie doch noch einmal die Bedingungen der ersten Menschen im Paradies und die eines jeden Menschen während der neun Monate im Mutterleib. Mir will es erscheinen, als ob die Zeit in der Gebärmutter ein kleiner, irdischer Abglanz der Paradies-Zeit ist.

Der Sündenfall

In dieses harmonische, liebe- und freudvolle Leben der ersten Menschen bricht nun das Böse ein, das sie bis dahin gar nicht gekannt hatten. Die Bibel hat für das Böse verschiedene Namen. Hier wird es *die Schlange* genannt, an anderer Stelle *der Teufel* oder *der Satan* und manchmal auch *der Böse*. In jedem Fall handelt es sich um ein Wesen, um eine Macht, die ganz im Gegensatz zu Gott, der liebevoll Gutes schafft, zerstörerisch ist. Das Erste, was der Böse in Gestalt der Schlange zerstört – damals im Paradies und auch heute noch –, ist das Vertrauen zwischen Gott und den Menschen. Er schafft Misstrauen. Die uralte Frage: „Hat Gott wirklich gesagt ...?" *(1. Mose 3,1)* ist im Wesentlichen gleich geblieben. Misstrauen zu schaffen ist demnach eine sehr sichere Maßnahme der Zerstörung. Und dasselbe gilt auch heute noch für die Beziehung der Menschen untereinander: Vertrauen baut Beziehungen auf, Misstrauen zerstört sie. Damit besteht der erste Schritt des Bösen nicht darin, die Menschen zu irgendwelchen bösen Taten zu verleiten, sondern die eigentliche Sünde ist das Aufgehen der Saat des Misstrauens.

Abraham und Sara trauten der Zusage Gottes nicht mehr, dass sie Nachkommen haben würden und griffen zur Selbsthilfe, indem Abraham mit Saras Magd Hagar seinen Sohn Ismael, den Urvater der Araber, zeugte. Und dies war dann auch der Ursprung des heute immer noch schwelenden und viele Menschenleben kostenden Konfliktes zwischen Juden und Arabern.

Selbst Jesus versuchte der Teufel davon zu überzeugen, dass er Gott doch viel besser die Ehre geben könne, wenn er von der Tempelzinne spränge. Auch das war ein Versuch, Gottes Sohn in seinem Vertrauen zum Vater und dem Vertrauen in die Richtigkeit des Weges, den Gott geplant hatte, zu erschüttern.

Heute ist die Frage, die uns Menschen dazu verführt, Gottes Wort nicht mehr zu vertrauen, immer noch dieselbe: „Hat Gott wirklich gesagt, dass er selbst der Vater Jesu sei und dass Maria Jungfrau war, als sie ihren Sohn gebar? Das kann doch kein aufgeklärter Mensch glauben!" So argumentieren heute große *Theologen*, die schon längst keine Theologen mehr sind, weil sie *Logos*, also die Wahrheit und den Sinn der Religion nicht mehr von *Theos* (griechisch für Gott), also von Gott herleiten, sondern von ihren menschlichen Verständnismöglichkeiten.

Was ist mit einer Kirche los, in der der Präsident des Evangelischen Kirchentages frei und offen bekennen darf, dass er (im Vertrauen auf Gott von seinem großen Verstand behindert) nicht an die Auferstehung glaube und trotzdem Präsident des Kirchentages bleiben darf.

„Hat Gott wirklich gesagt, dass ihm die sexuelle Liebe zwischen Männern oder zwischen Frauen ein Gräuel sei? Das ist doch nicht mehr zeitgemäß! Das kann man doch keinem Menschen mehr zumuten!" Wenn man eine menschliche, Gott misstrauende Sichtweise vertritt, dann mag das wohl stimmen. Da mutet es wenig tolerant an, weiter Gottes Wort Folge zu leisten. Denn dann erscheint es doch sehr viel menschlicher, jeden nach Lust und Laune leben zu lassen, solange er niemandem damit schadet. Wen interessiert es noch, dass Gottes Schöpfungsauftrag zum Ziel hat, jeden Menschen zu einer reifen Persönlichkeit wachsen zu lassen und erst ein reifer Mann und eine reife Frau von ihm wertgeachtet werden, neues Leben zu schenken, wenn erst einmal Misstrauen Gott gegenüber gesät wurde?

An dieser Stelle sei deutlich angemerkt, dass die Bibel nirgends sagt, Homosexuelle seien Gott ein Gräuel. Im Gegenteil, auch sie sind mit allen Möglichkeiten ausgestattet, Gottes Auftrag zu leben. Und auch für sie gilt, dass alle Schöpfung Gottes gut ist. Ein Gräuel ist Gott jedoch ihr Lebensstil, so wie ihm jeder nicht an seinem Auftrag orientierte Lebensstil ein Gräuel ist.

Wenn im gemeinsamen Leben jedoch alles beliebig ist, was soll da noch das Bemühen um eine gute Ehe, um den Erhalt der Familie, um die Kinder, um Liebe, wenn die Verliebtheit längst vergangen ist? Was soll das Bemühen, wenn einem außerhalb der Ehe so manches viel einfacher erreichbares Vergnügen winkt?

Hat Jesus wirklich gesagt: „*Ich* bin der Weg. Einen anderen Weg zum Vater gibt es nicht." (*Johannes 14,6*) Ist das nicht Rechthaberei und Fundamentalismus, ja Intoleranz den anderen Religionen gegenüber? Ist uns Menschen die Vorstellung nicht viel lieber, dass viele Wege zu Gott führen? Enthebt uns dies nicht der Aufgabe, anderen Menschen diesen Weg zu zeigen, damit sie nicht in die Irre und damit verloren gehen? So ernst kann Gott das doch nicht gemeint haben. Und längst haben wir unter Anleitung des Bösen offensichtlich aus dem Geschenk der Ebenbildlichkeit Gottes den *Anspruch* auf Ebenbürtigkeit abgeleitet. Wenn wir uns überhaupt noch mit ihm abgeben, dann soll er sich gefälligst nach uns richten.

„Ich weiß, dass ich sündige, aber ich bereue nichts", sagte neulich ein *Christ*, der fortlaufend die Ehe brach, „und ich fühle mich dennoch von Gott gesegnet." Ob er nicht *wahr-haben* will, dass auch der Böse Menschen Erfolge ermöglichen kann? (Warum sonst geht es den Gottlosen so gut?)

Ein anderer brüstete sich sogar: „Ich nehme Gottes Segen trotzdem für mich in Anspruch!" Gottes Segen in Selbstbedienung erhältlich? Das sind einige „moderne" Beispiele der Verführung zum Misstrauen Gott gegenüber.

Wir sehen, die Saat des Misstrauens Gott gegenüber ist aufgegangen und trägt ihre Früchte: Selbstherrlichkeit, Überheblichkeit, totale Eigenwilligkeit und noch so manches mehr. (Siehe Zitat von Tobias Brocher auf Seite 81)

Kehren wir aber wieder zurück zur biblischen Geschichte. Zunächst besann sich Eva noch auf die Gebote Gottes und hielt dem Teufel entgegen: *„Wir essen von den Früchten der Bäume im Garten, aber von den Früchten des Baumes mitten im Garten hat Gott gesagt: ,Esset nicht davon, rühret auch nichts an, dass ihr nicht sterbet!'"* (1. Mose 3,2)

Aber der Teufel versteht es damals wie heute, den Blick vom Endgültigen, von den Todesfolgen abzulenken und uns den großen Anreiz, sofort Spaß zu haben, sofort Befriedigung zu erleben, vor Augen zu halten.

„,Nein, nein', sagte die Schlange, ,ihr werdet bestimmt nicht sterben! Aber Gott weiß: Sobald ihr davon esst, werden euch die Augen aufgehen; ihr werdet wie Gott sein und wissen, was gut und was schlecht ist. Dann werdet ihr euer Leben selbst in die Hand nehmen können'" (1. Mose 3,4-5).

Sind wir dem Bösen erst einmal so weit gefolgt, dass er unsere Ich-Bezogenheit ansprechen konnte, unsere Selbstüberheblichkeit, unsere Bedürfnisse, unsere Sichtweise, unseren Verständnishorizont zum Maßstab aller Dinge, zur Allgemeingültigkeit zu erheben, dann ist unsere vertrauensvolle Beziehung zu Gott in außerordentlicher Gefahr. Uns wird es ähnlich ergehen wie Eva: *„Die Frau sah den Baum an: Seine Früchte mussten köstlich* *schmecken, sie anzusehen war eine Augenweide und es war verlockend, dass man davon klug werden sollte! Sie nahm von den Früchten und aß. Dann gab sie auch ihrem Mann davon und er aß ebenso"* (*1. Mose 3,6*).

Ich möchte noch einmal darauf hinweisen, dass uns der Teufel in den klassischen Versuchungssituationen das Gefühl vermittelt, dass seine Vorschläge uns dazu verhelfen, frei und nach eigenem Willen zu entscheiden. Wir bekommen die Überzeugung, dass er der große Befreier ist, ganz anders als Gott, der uns nur mit seinen Vorschriften überhäufen will und uns an seiner Gesetzesleine gängeln möchte, der uns also in unserer eigenen Freiheit nur einschränkt.

Die Folge ist, dass Gott in unserem Leben immer weniger zu sagen hat, die lieblich anzusehenden Bäume mit ihren wohlschmeckenden Früchten immer mehr Macht über uns ausüben, die Befriedigung momentaner Gelüste zum einzigen Gesetz unseres Lebens wird und letztlich die Ewigkeitsdimension verloren geht.

Nach dem Sündenfall

„Da gingen den beiden die Augen auf und sie merkten, dass sie nackt waren. Deshalb flochten sie Feigenblätter zusammen und machten sich Lendenschurze. Am Abend, als es kühler wurde, hörten sie, wie Gott, der Herr, durch den Garten ging. Da versteckten sich der Mensch und seine Frau vor Gott zwischen den Bäumen. Aber Gott rief nach dem Menschen: ‚Wo bist du?‘ Der antwortete: ‚Ich hörte dich kommen und bekam Angst, weil ich nackt bin. Da habe ich mich versteckt!‘ ‚Wer hat dir gesagt, dass du nackt bist?‘, fragte Gott. ‚Hast du etwa von den verbotenen Früchten gegessen?‘ Der Mensch erwiderte: ‚Die Frau, die du mir an die Seite gestellt hast, gab mir davon; da habe ich gegessen.‘“ (1. Mose 3,7-12)

Das sind also nun die Folgen der Verführung durch den Bösen: Die erste Folge ist, dass *die Beziehung zwischen Gott und den Menschen gestört ist*. Das Vertrauen in die Liebe Gottes, das Gefühl der Geborgenheit, das mit diesem Vertrauen verbunden war, ist zerstört. Die Menschen freuen sich nicht mehr über die Gegenwart Gottes, sondern sie haben Angst vor ihm und fliehen seine Nähe. Adam und Eva versteckten sich vor Gott. Sie hatten erstmals ein schlechtes Gewissen.

Auch die Beziehung zu sich selbst, ihr Selbstvertrauen wurde zerstört. Denn als Adam und Eva die Augen aufgetan wurden, erkannten sie, dass sie nackt waren, und so erkannten sie ihre Unvollkommenheit als Spur der Sünde. Sie waren durch ihre Vertrauenslosigkeit Gott gegenüber zutiefst verunsichert und verloren – sie schämten sich.

Das heißt, sie litten unter Selbstzweifeln. Außerdem wussten sie, dass nun mit ihnen etwas nicht in Ordnung war.

Ich glaube, dass an dieser Stelle das, was bis dahin zusammengehörte, nämlich Liebe und Sexualität, einen Riss bekam, mit der scheußlichen Folge einer von persönlicher Liebe und Wertschätzung losgelösten Sexualität, die sich in Perversion und Missbrauch äußert.

Auch die Beziehung der Menschen untereinander hat durch diese Fehlentscheidung schweren Schaden genommen. Denn als Gott Adam zur Rechenschaft zog, übernahm er nicht die Verantwortung für sein Tun, sondern beschuldigte Eva. Auch hier waren also Liebe und Vertrauen aus der Beziehung gewichen, stattdessen ging es nur noch darum, die eigene Haut zu retten. Die Folge, die wir heute erleben, ist, dass Menschen in einer Beziehung hauptsächlich sich selbst verwirklichen, die eigenen Bedürfnisse befriedigen und die eigenen Zielvorstellungen durchsetzen wollen.

Vertreibung aus dem Paradies

Damit, dass die Menschen eine Beziehung mit dem Bösen eingegangen waren, hatten sie selbst die Bedingungen für ein Leben im Paradies zerstört und es folgte die Vertreibung daraus. Sie hatten sich nicht als vertrauenswürdig erwiesen: *„Und Gott, der Herr, machte für den Menschen und seine Frau Kleider aus Fellen. Dann sagte Gott: ‚Nun ist der Mensch wie einer von uns geworden und weiß, was gut und was schlecht ist. Es darf nicht sein, dass er auch noch vom Baum des Lebens isst. Sonst wird er ewig leben!‘ Und er schickte den Menschen aus dem Garten Eden weg, damit er den Ackerboden bearbeite, aus dem er gemacht war. So trieb Gott, der Herr, die Menschen hinaus und stellte östlich von Eden die Keruben und das flammende Schwert als Wächter auf. Niemand sollte zum Baum des Lebens gelangen können.“* (1. Mose 3,21-24)

An diesem Text zeigt sich erstmals, dass Gott uns Menschen zürnt und dass wir auch die Folgen unseres bösen Handelns tragen müssen. Er zeigt aber auch, dass Gottes Liebe zu uns Menschen ewig ist und unsere Sünde überdauert. Denn der Text beginnt damit, dass Gott seinen Menschen, die sich nun ihrer Nacktheit bewusst waren und die nicht mehr im Schutze des Paradieses würden leben können, aus Fellen Kleider machte und sie ihnen anzog. Für mich zeigt dies einmal mehr, dass Gott wirklich nicht nur unser Herr ist (im Text wird er ja immer wieder „Gott, der Herr“ genannt), sondern auch unser Vater.

Obwohl die ersten Menschen ihn so furchtbar enttäuscht hatten, seine Liebe quasi mit Füßen traten, sorgt er dafür, dass sie den Bedingungen des Lebens außerhalb des Garten Edens nicht schutzlos ausgeliefert sind. Ähnlich wie die Erkenntnis des Nacktseins viel mehr beinhaltet als die bloße Feststellung, dass die Menschen unbekleidet waren, so haben die Kleider, die Gott den Menschen mitgab, auch eine viel weit reichendere Bedeutung. Sie beinhalten die Gaben und Fähigkeiten, außerhalb des Paradieses zu überleben. Wenn auch die Menschen mit ihrem Ungehorsam *ihre ungetrübte Beziehung zur Natur zerstört* haben – da wo im Paradies liebliche, wohlschme-ckende Früchte wuchsen, die die Menschen nur zu ernten brauchten, haben sie jetzt mit Dornen und Disteln zu kämpfen –, so sorgt Gott doch dafür, dass eine Über-lebensgrundlage geschaffen ist.

Wie wir aber im 1. Teil dieses Buches schon miteinan-der bedacht haben, müssen die guten Gaben, die Gott uns in unser Erbgut hineingelegt hat, entwickelt werden. Auch in diesem Bereich ist der Kampf mit Dornen und Disteln angesagt. Wenn gute Charaktereigenschaften nicht durch Erziehung herausgebildet werden, bleibt der Mensch ebenso unkultiviert wie ein unbearbeiteter Acker.

Ein wichtiger Teil in unserer Überlebensausrüstung ist Gottes Wort. In sehr unterschiedlicher Art und Weise hat Gott sich dem Menschen über Jahrtausende hinweg mit-geteilt. Manchmal in Gesprächen mit einzelnen, beson-ders auserwählten Personen, manchmal in Träumen, manchmal schriftlich – wie bei den Zehn Geboten – und schließlich in der Person Jesu Christi. Gottes Wort ist so etwas wie ein Kompass, der uns helfen soll, das Ziel unserer Sehnsucht trotz der Sünde, trotz aller Irrungen und Wirrungen zu erreichen. Diese Sehnsucht ist die *Wieder-Vereinigung* mit Gott, die aufgrund unserer Sünde erst nach dem Tod und der Auferstehung möglich werden kann. Wenn wir seinem Wort folgen, werden wir dieses Ziel während unseres Erdenlebens nicht verlieren, sondern am Ende dieses Lebens erreichen.

Manchmal erinnert sein Wort auch an eine Art Stadtplan oder Autokarte, auf der wir sehen können, welche Wege in eine Sackgasse führen, *Warnschilder* weisen auf große Gefahren hin und es enthält viele Ermutigungen, unseren Weg unter Gottes Führung weiterzugehen. Ähnlich wie Gott Adam im Paradies nicht auf sich allein gestellt sein ließ, sondern ihm eine Gefährtin schuf, so hat auch Gott jedem Einzelnen andere Menschen zur Seite gestellt, die von der gleichen Sehnsucht getrieben sind. Das ist Gottes große Familie, die Gemeinde, die sich aus Mitgliedern vieler christlicher Kirchen zusammensetzt, keinesfalls aber Menschen beherbergt, die, wenn auch noch so treu, anderen Religionen folgen oder aus eigener Anstrengung ein rechtschaffenes Leben zu führen versuchen. In diese Familie führt nur ein Weg: Jesus Christus. („Ich bin der Weg und die Wahrheit und das Leben. Keiner kommt zum Vater, denn durch mich.")

Ich bin durch die Welt gegangen
und die Welt ist schön und groß
und doch ziehet mein Verlangen
mich weit von der Erde los.

Ich habe die Menschen gesehen
und sie suchen spät und früh.
Sie schaffen, sie kommen und gehen
und ihr Leben ist Arbeit und Müh.

Sie suchen, was sie nicht finden
in Liebe, Ehre und Glück
und sie kommen belastet mit Sünden
und unbefriedigt zurück.

Es ist eine Ruh vorhanden
für das arme müde Herz.
Sag es laut in allen Landen,
hier ist gestillet der Schmerz.

Es ist eine Ruh gefunden
für alle fern und nah
in des Gotteslammes Wunden
am Kreuz auf Golgatha.

(Eleonore von Reuß, um 1850)

Im Zustand der Sünde

Wir haben gesehen, dass der Ungehorsam Gott gegenüber, das Misstrauen, das der Teufel gegenüber Gottes Liebe in uns gesät hat, *die Beziehung zu Gott, die Beziehung jedes Menschen zu sich selbst, die Beziehung der Menschen untereinander und die Beziehung zur Natur zerstört hat.* Ich glaube, wir haben mittlerweile auch verstanden, dass unsere tiefste Sehnsucht darin besteht, in diesen Bereichen Heilung zu finden. Aber neben dieser Sehnsucht besteht das einmal in unser Herz gepflanzte Misstrauen fort. Wir sind also hin- und hergerissen zwischen Sehnsucht und Misstrauen. Manchmal überwiegt das eine, dann wieder das andere.

Das Misstrauen Gott gegenüber zeigt sich darin, dass wir Menschen diese Sehnsucht nicht zuerst auf Gott richten und bei ihm Heilung suchen, sondern ganz verschiedene Selbstheilungsversuche unternehmen und zu allen möglichen Angeboten greifen, die Heilung versprechen. Wenn ich über diese Zusammenhänge nachdenke, so fällt mir immer ein altes Kirchenlied ein, das den Titel trägt: „Ich bin durch die Welt gegangen." Die Verfasserin, die aus der Beobachterposition heraus spricht, sagt im dritten Vers über die Menschen: „Sie suchen, was sie nie finden, in Liebe, Ehre und Glück. Und kommen belastet mit Sünden und unbefriedigt zurück."

Es ist interessant, dass sich das Wort *suchen* auch in unserem Wort *Sehnsucht* wiederfindet. Wenn wir nun diesen Text etwas moderner gestalten und zwar so, dass er sich immer noch reimt, könnte er in unserer Zeit folgendermaßen heißen: „Sie suchen, was sie nie finden in Sex, Ehrgeiz oder Karriere und Kick. Und kommen belastet mit Sünden und süchtig zurück." Das sind die Strategien, die uns der Teufel in den Sinn gibt, und von denen wir denken, es seien unsere Glück bringenden eigenen Erfindungen, unsere Freiheit.

Haben nicht die vielen Partnerwechsel und Ehescheidungen damit zu tun, dass wir Menschen glauben, unsere Sehnsucht endlich in einer neuen Beziehung, mit einem neuen, sicherlich besseren Partner gestillt zu bekommen? Das schlimmste Ende dieses Bestrebens ist die schon erwähnte Sexsucht. Und glaubt nicht heute fast jeder, dass er, wenn er beruflich Karriere macht, irgendwann einmal *einsame* Spitze ist und damit am Ende seiner Sehnsucht angekommen sei? Ist das nicht auch der Grund dafür, dass so viele Frauen keinerlei Anreiz mehr darin sehen, ihre Kinder selbst großzuziehen, wenn sie überhaupt noch Kinder haben wollen, sondern glauben, nur in einer beruflichen Karriere ihr Lebensziel zu erreichen, zufrieden zu werden?

Ich möchte hier nicht falsch verstanden werden. Selbstverständlich finde ich es gut und richtig, dass Frauen einen Beruf haben und ich gönne auch jeder Frau, dass sie sich beruflich weiterqualifiziert. Würde ich etwas anderes behaupten, so würde ich meine Worte mit meinem eigenen Leben als berufstätige Frau Lügen strafen. Ich meine die Unbarmherzigkeit, mit der Männer und Frauen heute gezwungen sind, Karriere zu machen, wenn sie nicht am Rande unserer Gesellschaft stehen wollen. Und wie zynisch ist doch das so genannte *Recht*, um einer Karriere willen schon geschaffene Kinder im Mutterleib zu töten, weil diese beruflichem Erfolg im Wege stehen. Die Art, wie im Ellenbogenkampf um die besten beruflichen Chancen gestritten wird und wie auch in anderen Bereichen *über Leichen gegangen wird*, ist zutiefst menschenverachtend und zerstörerisch.

Am Ende stellt sich keine Zufriedenheit ein, sondern es macht sich eine innere Leere breit, und das, obwohl Feierabend und Wochenenden durch verschiedene Kicks verzweifelt spaßig gestaltet werden. Sei es, dass Extremsportarten notwendig sind, sei es, dass bis zur Besinnungslosigkeit unter dem Einfluss von Lichteffekten und dröhnender Musik rhythmische Bewegungen ausgeführt werden, bis eine Art Trance erreicht ist, oder dass chemische Mittel zur Hilfe genommen werden, die in den Hirnstoffwechsel eingreifen, ein Durcheinander anrichten und so die Gefühle manipulieren.

Sie suchen, was sie nie finden, in Sex, Karriere und Kick. Und kommen belastet mit Sünden und süchtig zurück. Dieses Lied ist nicht erst in den letzten Jahren geschrieben worden. Zu der Zeit, als Eleonore von Reuß diese Bilanz zog, hatten offensichtlich noch viele Menschen ein schlechtes Gewissen bei einem solchen von Gott entfernten Leben. Sie fühlten sich von Sünden belastet.

Da sind wir doch heute schon einen Schritt weiter. Die Gewissen der heutigen Menschen sind dank gewissenloser Erziehung, pausenloser Propaganda in den Medien, was alles normal und richtig sei, dank des Hin- und Her- und Wegdiskutierens von Schuldgefühlen, von deren Überflüssigkeit und Schädlichkeit sehr viele Menschen überzeugt sind, so unreif geblieben, dass sie sich nicht mehr an Gut und Böse oder an dem orientieren können, was sinnvoll oder für eine Gemeinschaft wertvoll ist. Stattdessen orientieren sie sich nahezu ausschließlich daran, was angenehm oder unangenehm ist, was mehr oder weniger Spaß macht. Die modernen Gewissen folgen eher dem Motto: „Erlaubt ist, was gefällt, richtig ist, was Spaß macht."

Das Gewissen, diesen lästigen Mahner, der ursprünglich einmal ein wertvoller Teil der menschlichen Persönlichkeit war, sind wir also nahezu losgeworden. Was übrig geblieben ist und umso stärker wirkt, sind eine ungestillte Sehnsucht, ein Unbefriedigtsein, eine innere Leere, die Flucht vor der Stille, in der Fragen aus dem Inneren aufsteigen könnten, und letztlich die Knechtschaft eines suchthaften Lebens.

Die Bibel beschreibt diesen Zustand nach dem Sündenfall so: *„Wir waren der Sünde Knechte"* (Römer 6,17) und Paulus seufzt: *„Ich Elender, das Gute, das ich tun will, das tue ich nicht. Das Böse, das ich eigentlich nicht tun will, das tue ich. Wer wird mich erlösen?"* (Römer 7,19) Ich glaube, dass es keinen ehrlichen Menschen gibt, der hier nicht aus eigener Erfahrung zustimmen kann.

Ich jedenfalls erinnere mich an viele Situationen, in denen ich mich verzweifelt gefragt habe: „Warum habe ich das nur gesagt, warum habe ich nur so gehandelt? Ich wollte das doch gar nicht!" Die Redewendung: „Das darf doch wohl nicht wahr sein!", zeigt, dass wir die Tatsache nicht gerne annehmen, dass uns Dinge passieren, die uns eigentlich nicht passieren dürften, die wir eigentlich nicht wollen. So geraten wir, wenn von uns Menschen der Schutz in der Beziehung zu Gott aufgegeben wird, in die Abhängigkeit und Knechtschaft des Bösen. Und es ist sogar noch schlimmer.

Der Diabolos, der Verkehrer, hat die Macht, Gutes zum Bösen zu benutzen. Unter seinem Einfluss verliert der Mensch mehr und mehr die Fähigkeit, mit den guten Gaben Gottes verantwortlich umzugehen und sie zu genießen. Stattdessen missbraucht er sie als Suchtmittel: Leistungsfreude wird zum Leistungszwang, zur Leistungssucht. Beziehungsfähigkeit pervertiert zur Beziehungsabhängigkeit. Sport und anderes werden zum Profilierungszwang; Essen ist kein Genuss mehr, sondern knechtet die Menschen in Form von Ess-, Brech- und Magersucht. Ebenso verhält es sich mit der Trinksucht, Internetsucht und vielem mehr.

Wir nehmen das nicht einmal wahr. Der Teufel hat ein System von Verschleierungen erfunden, die uns vorgaukeln, wir handelten unabhängig von Gott nach unserem freien Willen. Und dies wird dann in der Reklame aufgegriffen mit dem Slogan: Ich bin so frei!

Dieses ganze Elend spiegelt sich natürlich in unseren Gefühlen wider. Statt des versprochenen dauernden Hochgefühls von Freiheit, Selbstsicherheit, Anerkennung, Verbundenheit und Zufriedenheit stellen sich unerwartete Dinge ein, sobald der Mensch einmal nicht mehr unter dem Einfluss seines gewohnten Suchtmittels steht. Es kommen Gefühle wie Verzweiflung, Niedergeschlagenheit, Selbstzweifel bis hin zu Selbsthass, Einsamkeit und Angst sowie Sinnlosigkeitsgefühle auf. Und dann beginnt etwas, das den Namen des Urhebers des ganzen Elends trägt, ein so genannter *Teufelskreis*.

Diese Gefühle sind schier nicht auszuhalten und man hat ihnen auch nichts entgegenzusetzen. Aus diesem Grund muss der Mensch wieder zu den Mitteln greifen, die ihn von den schlechten Gefühlen ablenken, zum Beispiel zum Fernsehen, zum Internet oder zur Arbeit, mit dem traurigen Ende, dass er süchtig danach ist. Oder man greift gleich zu den unterschiedlichsten Drogen, die die Gefühle manipulieren. Das ist in etwa der Zustand, den das oben erwähnte Kirchenlied beschreibt: „Sie kommen unbefriedigt – also süchtig – zurück."

Heilung

Beschäftigen wir uns nun mit der Frage des Apostel Paulus: „Wer wird uns erlösen?"

Wir wollen uns noch einmal daran erinnern, dass mit dem Sündenfall eine große Zerstörung einherging. *Die Beziehung des Menschen zu Gott wurde zerstört, die Beziehung des Menschen zu sich wurde zerstört, die Beziehungen der Menschen untereinander wurden zerstört und die Beziehung zur Natur.* Heilung in diesen Bereichen ist jedoch möglich und wir wollen uns deshalb jetzt mit der Heilung dieser vielen Zerstörungen beschäftigen.

In dem Kirchenlied gibt es noch zwei weitere Verse, die ich an dieser Stelle in Erinnerung rufen möchte:

Es ist eine Ruh vorhanden
für das arme müde Herz.
Sagt es laut in allen Landen,
hier wird gestillet der Schmerz.

Es ist eine Ruh gefunden
für alle von fern und nah
in des Gottes Lammes Wunden
am Kreuze auf Golgatha.

Heilung der gestörten Beziehung zu Gott

Haben Sie schon einmal einen Erwachsenen beobachtet, der sich einem kleinen Kind richtig *zu-neigt*? Da er groß, wissend, *alles-könnend* ist, versucht er, das in allen Bereichen unterlegene Kind auf dessen Ebene zu erreichen, sonst würde er ihm ja nur einen Schrecken einjagen. Er geht in die Hocke, er setzt sich auf den Boden oder er hebt das Kind zu sich hoch. Außerdem wird er das Kind mit einfachen Worten ansprechen und Redewendungen und Bilder aus der Welt des Kindes benutzen.

Genauso hat es Gott gemacht. Im Alten Testament wird geschildert, wie Gott durch einzelne *Erzieher*, mit denen er in direktem Kontakt stand, seine Kinder, das Volk Israel, geleitet und geführt hat. Im Neuen Testament hat er schließlich einen neuen Bund für alle Menschen angeboten, indem er selbst sich uns zugeneigt hat! Er ging also quasi in die Hocke, um im Bild zu bleiben. Denn er kam in seinem Sohn Jesus Christus zu uns auf die Erde. Seitdem sprach und spricht er unsere Sprache, trug und trägt unsere Sünden. Das ist das Angebot der Heilung für die Beziehung zwischen Gott und den Menschen. Er kommt zu uns und möchte diese Beziehung in Ordnung bringen. Denn sein Wesen ist Liebe.

Der Prophet Jesaja beschreibt das folgendermaßen: *Er hat die Schmerzen erlitten, die wir verdient hatten (nach Jesaja 53,4).* Und Jesus sagt von sich, dass er *der* Weg zu Gott ist. Als äußeres Zeichen für diese Tatsache ist bei seinem Tod der Vorhang im Tempel zerrissen. Dieser Vorhang teilte den Bereich, in den der gläubige Jude noch hineindurfte, vom Allerheiligsten, das normalen Menschen verschlossen blieb. Hier wohnte Gott. Der Weg zu Gottes Herz ist also frei geworden. Deshalb sind wir alle eingeladen, „Abba, lieber Vater" zu sagen, und dürfen jederzeit mit jedem Anliegen zu ihm kommen. Gott selbst hat das Vertrauen wiederhergestellt, die Beziehung zwischen sich und den Menschen in Ordnung gebracht. Er hat die Trennung aufgehoben!

An diesen Wesensmerkmalen Gottes, seiner Liebe und Zuneigung zu den Menschen, seiner Bereitschaft für uns Menschen zu leiden, wird ganz besonders deutlich, dass er mit keinem als Gott angebeteten Glaubensziel anderer Weltreligionen wesensgleich ist. Alle anderen Götter bleiben über die Menschen erhaben. Es ist Sache der Menschen, sich um Versöhnung zu bemühen und ob diese möglich ist, wird von den erhabenen Göttern nicht beantwortet.

Einzig und allein der dreieinige Gott, der Vater, der Sohn und der Heilige Geist, schafft selbst die Versöhnung mit seinen Geschöpfen und ermöglicht damit Heilsgewissheit.

Heilung der Beziehung zu uns selbst

Das Wissen, von Gott so geliebt zu sein, dass er sich zu mir auf den Weg machte, um mein Leid und meine Schuld auf sich zu nehmen, ist schon Balsam für die verwundete, beleidigte und niedergeknechtete Menschenseele. Wenn ich nun für Gott das geliebte Kind bin, kann ich dann überhaupt weiter mit mir im Krieg leben?

Gott sagt zu seiner Schöpfung: „Sie ist gut." (1. Mose 1,31) Und er sagt zu mir als Geschöpf: „Du bist gut. So habe ich dich gewollt und so will ich dich gebrauchen, ganz wie du bist."

Wir jedoch wollen dagegen einwenden: „Aber mir fehlt doch noch so viel!"

Gottes Antwort darauf lautet: „Klar fehlt dir viel. Ich habe dir nicht alle Fähigkeiten gegeben, sondern gerade die, die für dich, für dein Leben, für die Aufgaben, die du erfüllen sollst, wichtig sind. Mehr brauchst du nicht. Du bist so in Ordnung, wie du bist."

Diese Zusage Gottes uns gegenüber gilt nicht nur für unsere Gaben, sondern auch für unseren Leib. Dass wir Frau oder Mann sind, hat Gott gewollt. Und wenn Gott es anders gewollt hätte, dann wäre es auch anders. Auch unsere Haare, Augen und Größe – all das ist genau so, wie es sein soll.

Ich kenne einen schwerst behinderten Mann. Er ist spastisch gelähmt, kann nicht ohne Hilfe gehen, seine Arme und Hände können nur ganz langsam zielgerichtete Bewegungen ausführen und auch sein Sprachvermögen ist durch die Spastik eingeschränkt. Ich kenne ihn erst, seit er Christ ist und immer, wenn ich ihn treffe, freue ich mich an seinem Selbstbewusstsein, seiner Aufgeschlossenheit und Lebensfreude. Seit einem bestimmten Gespräch mit ihm weiß ich auch, woher diese positive Lebenskraft kommt: Er bat mich um Rat, wie er sich einem jungen Mann gegenüber verhalten solle, der einmal ein *toller Typ* gewesen sei, aber nach einem Unfall eine Beinverkürzung hatte verkraften müssen. Nun lasse er sich völlig hängen.

Angesichts der ungleich schwereren Behinderung, die der Rat suchende Mann hatte, sagte ich: „Wenn einer diesen jungen Mann auch mal vorwärts schubsen darf, dann du, der du schließlich mit einer viel größeren Behinderung leben musst."

Er schaute mich an und entgegnete: „Nein, du hast es nicht verstanden. Ich bin in Ordnung, so wie ich bin. Aber der andere muss es noch annehmen lernen."

Und dann erklärte er mir – wieder mit seiner Fröhlichkeit –, dass Gott ihn als Gesunden wohl kaum in der Behindertenarbeit gebrauchen könnte, wie er eben wieder einmal an meiner Antwort gemerkt habe. So kann das aussehen, wenn ein Mensch sein *So-sein* im Vertrauen darauf, dass Gott keine Fehler macht, annimmt.

Im Neuen Testament werden die Christen als *Leib*

Christi bezeichnet. In diesem Bild ist dann ein Mensch zum Beispiel das Auge und ein anderer ein kleiner Finger, aber alle sind für das Funktionieren der Gemeinschaft der Christen wichtig. Mir ist diese Tatsache besonders klar geworden, als ich durch die Begegnung mit einem Menschen, der durch einen Unfall eine große Zehe verloren hatte, auch die Wichtigkeit der Zehen erkannte. Denn bis dahin hatte ich immer angenommen, dass diese nicht von großer Bedeutung seien. Er erklärte mir, welche Schwierigkeiten er zunächst beim Gehen und bei der Haltung des Gleichgewichts gehabt hatte, nachdem er seinen Zeh verloren hatte!

Gott sagt zu uns: „Schau nicht auf das, was dir fehlt, finde heraus, was du hast und arbeite damit." Tun wir das, dann verändert sich unser Gefühl für uns selbst. Sahen wir uns vorher als minderbemittelt, so fühlen wir uns mit Gottes Sichtweise reich begabt.

„Na gut, das mag ja sein, aber ich mache immer so vieles falsch, das hängt dann wie eine schwere Kugel an mir!", lautet vielleicht der nächste Einwand.

Doch Gott sagt: „Die Kugeln sind schon abgetrennt, du aber hältst sie selbst noch fest. Mit dem Kreuz, an dem ich für dich gestorben bin, habe ich sie für dich geschleppt. Nimm meine Vergebung an und ich helfe dir, Schritt für Schritt so zu leben, wie ich es für dich vorgesehen habe! Du bist nicht mehr der Sünde Knecht, auch wenn du ihr manchmal noch dienst. Du befindest dich nicht mehr in dem Status eines Knechtes. Ich habe dich frei gemacht! Nimm endlich dieses neue Selbstbewusstsein an."

Eine der schönsten Geschichten der Bibel ist die vom verlorenen Sohn. Sie erzählt von einem jungen Mann, der seine Freiheit wollte. Er forderte von seinem Vater, dass dieser ihm sein Erbe ausbezahle und ging damit in die Welt. Da er als verwöhntes Kind eines reichen Vaters jedoch gar nicht gelernt hatte, mit seinem Kapital richtig umzugehen, gab er es mit vollen Händen für seine Vergnügungen aus, geriet an falsche Freunde, sodass er sich eines Tages mittellos im Elend wieder fand und sich als Knecht mit niedrigsten Arbeiten Geld verdienen musste und hungerte. Dort am Schweinetrog angekommen, erkannte er erst das ganze Ausmaß der Wahrheit: Er war ausgezogen und wollte seine Freiheit und nun war er stattdessen in schlimmste Knechtschaft geraten.

In dieser Situation erinnerte er sich an seinen Vater und ihm wurde bewusst, dass er als Diener seines Vaters ein besseres Leben haben würde als zu der Zeit, als er in der Gosse lag. Er erwartete gar nicht, dass er wieder als Sohn angenommen werden würde. Schuldbeladen, mit vielen schlechten Gefühlen, aber auch mit einem Fünkchen Hoffnung trat er seinem Vater bescheiden und demütig wieder unter die Augen. Und was erlebte er? Er erlebte, dass sein Vater nie aufgehört hatte, ihn zu lieben und ihn trotz all seiner Fehltritte als seinen geliebten Sohn wieder aufnahm. Er veranstaltete sogar ein Fest für ihn!

Das ist auch heute noch so. Denn das ist das Angebot, das Gott durch Jesus jedem Menschen macht. In dieser Geschichte wird am schönsten geschildert, dass die Beziehung zwischen Gott, unserem Vater, und uns Menschen wieder in Ordnung kommen kann, und dass wir uns dann wieder wie geliebte Kinder fühlen können, weil Gott nicht aufgehört hat, uns zu lieben.

Heilung zerstörter Beziehung zwischen Menschen

Die Wirkung der Heilung unserer Beziehung zu Gott und die Heilung unserer Beziehung zu uns selbst verändert auch die Beziehung zu unseren Mitmenschen. In dem neuen Wissen, geliebt und wertvoll zu sein, können wir nach und nach unsere Überempfindlichkeiten und auch den Anspruch, jeder um uns herum müsse uns aufbauen, loslassen. Wir müssen nicht mehr ständig die Rolle des perfekten, unnahbaren, unangreifbaren Menschen spielen. Wir dürfen vielmehr Schritt für Schritt *menschlicher* werden. Und das Erleben der eigenen Entlastung und Befreiung durch die Vergebung macht uns nach und nach frei, auch anderen Menschen zu vergeben. Das heißt, wir müssen uns nicht länger mit den schweren Erinnerungen und Folgen von Verletzungen durch andere Menschen abschleppen und die vielen Vorwürfe, die wir anderen machen, werden hinfällig. Wir müssen nicht mehr *nach-tragend* sein. Und wir können die schweren Schutzschilder und unser Verteidigungsarsenal eins nach dem anderen fallen lassen und den Menschen um uns herum freier und offener begegnen. So wird es möglich, dass wir gute Erfahrungen machen und liebesfähig werden.

Das alles geschieht in der Regel nicht durch ein Wunder und wir spüren die Entlastung auch nicht von einer Minute auf die andere. Es handelt sich vielmehr um einen schrittweisen Prozess in der engen Beziehung zu Jesus, von dem wir uns täglich neu angenommen und gestärkt fühlen können, der unsere innere Einsamkeit beendet und unsere Selbstzweifel immer wieder ausräumt.

Eins der Ergebnisse dieser Beziehung zu Jesus ist die Befreiung von der Ichsucht, von dem suchthaften Bedürfnis, sich immer nur um sich selbst zu drehen, sich immer nur mit den eigenen Gefühlen und Verletzungen zu beschäftigen und immer nur darauf aus zu sein, selbst nicht zu kurz zu kommen. Das Verblüffende dabei ist: Wir werden endlich satt! Unsere Sehnsucht wird gestillt, denn sie muss nicht mehr durch viele verschiedene Suchtkanäle in die Irre geleitet werden.

Ich hörte einmal folgende Schilderung des Himmels und der Hölle: An beiden Orten leben Menschen und an beiden Orten befinden sich große Töpfe mit genügend Nahrung. An diesen beiden Orten gibt es jedoch für die Nahrungsaufnahme nichts anderes als Löffel mit sehr langen Stielen – viel länger als die Arme der Menschen –, die nur am Ende angefasst werden können, da man sich sonst verbrennt. In der Hölle versucht nun jeder Mensch verzweifelt mit dem Löffel seinen eigenen Mund zu füllen und alle verhungern. Im Himmel aber füttern sich die Menschen gegenseitig und alle werden satt. Das macht Jesus möglich. Er befreit uns von der Sucht, uns um jeden Preis selbst zu sättigen und macht uns liebesfähig und zufrieden.

Heilung der Beziehung zur Schöpfung

Ich bin fest davon überzeugt, dass ein Mensch, der mit Gott, mit sich selbst und mit den Mitmenschen wieder versöhnt ist, auch die Natur mit völlig anderen Augen sieht. Ich habe es viele Male miterleben dürfen, wie solche Menschen die Natur auf einmal wirklich *wahrnahmen* und lieben lernten.

Ich erinnere mich noch gut an einen jungen Mann, der zur Behandlung in unsere Klinik kam und feststellte: „Hier ist ja gar nichts los! Hier ist ja nur Wald! Das halte ich nicht aus!"

In der Gemeinschaft mit anderen Menschen lernte er aber schließlich den Wald kennen. Er lernte eine Vielfalt von Pflanzen und Tieren zu sehen, er hörte Geräusche und Stimmen, er fühlte, roch und schmeckte sogar. Eines

Tages brachte er für alle selbst gepflückte Brombeeren zum Nachtisch mit.

Allein diese Erfahrung, so sagte er später, hätte den Klinikaufenthalt reichlich belohnt: „Wie blind bin ich doch vorher herumgelaufen!"

Kein Wunder. Er hatte dauernd Kopfhörer auf den Ohren, war süchtig nach Musik und hatte stundenlang ferngesehen und währenddessen Fast Food in sich hineingestopft. Ein solcher Mensch, der sich wieder als ein Geschöpf in der Schöpfung fühlt und in Beziehung zur Schöpfung lebt, wird sie nicht mutwillig zerstören. Auch der oben genannte junge Mann sah im Wald nicht nur die schönen Dinge, sondern es begann ihn zu bekümmern, wie viel Unrat herumlag. Er brachte häufig von seinen Spaziergängen eine Plastiktüte voll aufgesammeltem Müll mit in die Klinik zurück.

Es geht aber nicht nur darum, dass versöhnte Menschen die Schöpfung bewahren können, wie es uns von Gott aufgetragen ist, um so paradiesähnlichere Zustände zu schaffen. Es geht auch um das Gefühl dazuzugehören. In der Schöpfung beheimatet zu sein ist ein Bollwerk gegen das Gefühl der Verlorenheit und der Heimatlosigkeit, das mir viele suchthaft lebende Menschen immer wieder schilderten. Und diese negativen Gefühle können die Ursache für den Teufelskreis der Sucht sein. Für Menschen, die in der Natur kein Geschenk des Schöpfers sehen, ist sie lediglich ein Reservoir, das man ausbeuten und für seine eigenen Zwecke benutzen kann, etwas, wo man sich austobt und womit man rücksichtslos umgeht. Die vielen Getränkedosen, Bierflaschen und anderen Abfälle, die wir so im Wald finden, sind ein Zeichen für diese Beziehungs-Armut. Auch aus diesem Grunde war ich froh, als der junge Mann anfing, die ihm lieb gewordene Natur von Unrat zu befreien.

Befreites Leben

Wenn wir durch Jesus Christus, dem einzigen Weg, den Gott uns zu sich eröffnet hat, wieder in eine Beziehung zu Gott treten, dann werden wir durch unsere Sehnsucht nicht länger in die Irre geführt. Stattdessen verwandelt sich ein Großteil unserer Sehnsucht in Hoffnung und in Vorfreude. Und nicht zuletzt gibt uns beides die Kraft, die vielen kleinen Tode zu bewältigen, die der *Sünde Sold* sind (*Römer 6,23*). Damit meine ich das Zerbrechen von Beziehungen, das Aushalten von Ungerechtigkeit, Enttäuschungen und Krankheit und schließlich auch den Tod am Ende unseres Lebens.

Für Menschen, die suchthaft leben, ist immer das Jetzt das Allerwichtigste. Da sie nicht an ein ewiges Leben glauben, kommt es darauf an, in dieses Erdenleben so viel Spaß wie möglich hineinzustopfen, um so viel Ernstes, Schweres und Unangenehmes wie möglich zu vermeiden. Das ist ein Teil des Wesens der Sucht. Menschen dagegen, die an den ewigen Gott und damit auch an ein ewiges Leben glauben, haben noch so viel vor sich, dass sie mit Gottes Hilfe der Sucht nach materiellen Dingen *entkommen* können. Sie können nach Gottes Maßstab leben, dessen Ziel es ist, dass viele Menschen davon erfahren, dass eine Heilung von suchthaftem Leben durch Jesus Christus möglich ist.

Ebenso konsequent, wie der Böse versucht, die Menschen von Gott wegzuführen und sie so in den ewigen Tod zu bringen, will Gott jeden Menschen an jedem auch noch so grausamen Ort (siehe verlorener Sohn) abholen und durch Jesus wieder auf den Weg zum ewigen Leben und in die Gemeinschaft mit Gott zurückleiten. Greifen die Menschen, die der Verführung des Bösen unterlegen sind, zu den unterschiedlichsten Sucht-Strohhalmen, um der Verzweiflung zu entgehen, so bietet Gott ihnen dennoch Vergebung, Gnade, Hoffnung, Freude und Freiheit an, wenn sie bereit sind, all diese vermeintlichen Rettungsanker des Bösen loszulassen und Gott und auch sich selbst wieder ganz neu zu vertrauen.

Das empfinden die meisten Menschen jedoch leider als ein großes Wagnis. Denn mögen die Rettungsanker auch mehr schlecht als recht gehalten haben, so gaben sie ihnen doch das trügerische Gefühl, etwas zu tun und inmitten anderer, die genau das Gleiche tun, irgendwie aufgehoben zu sein. Nun kommt dieser Gott daher und verlangt von ihnen, die sie vor nichts mehr Angst haben, als jeden Halt in ihrem Leben zu verlieren, dass sie loslassen.

Vielleicht haben Sie auch die folgende Geschichte gehört, die das gut veranschaulicht: Um Affen zu fangen, ihnen also die Freiheit zu nehmen, legen Eingeborene ihnen leckere Speisen in einen Krug mit einem so engen Hals, dass die leeren Hände der Tiere zwar hindurchpassen, nicht aber die Faust, die das Futter festhält. Die Tiere geraten in Gefangenschaft, weil sie ihre Beute nicht loslassen.

Nur der, der wirklich losgelassen hat, weiß, dass es notwendig war, damit wir unsere Hände frei haben, Gottes Gaben zu empfangen. Damit aber diejenigen, die sich immer noch an ihrem suchthaften Leben verzweifelt festkrallen, auch loslassen und sich Gott anvertrauen können, müssen Christen viel Liebe, Freude, Zuversicht und Hoffnung ausstrahlen. Wir sind nicht dazu aufgefordert, mit erhobenem Zeigefinger oder verächtlichen Gesichtern auf die Menschen zuzugehen, die suchthaft leben, sondern dazu, dass die Liebe, Freude, Zuversicht und Hoffnung für alle sichtbar werden!

Nachwort

Immer wieder, wenn ich zu den verschiedenen Themen Vorträge halte, kommen die Menschen auf mich zu, äußern ihre Zustimmung zu dem Gesagten und erzählen meist noch bestätigende, traurige Beispiele aus ihrem Leben. Menschen aus der älteren Generation sagen mir oft, dass sie gerne mit ihren Enkeln über wichtige Themen reden würden, haben aber die Erfahrung gemacht: „Die wollen das ja gar nicht hören!" So verstummen sie resigniert.

Ich selbst erinnere mich an sehr viele Gespräche mit meiner Großmutter, in denen sie mir Dinge sagte, die ich auch nicht hören wollte. Aber die Liebe, mit der sie mich umgab, ihr Interesse an mir und meinem Leben, die Lebendigkeit, mit der sie Veränderungen verfolgte und ihre – meist humorvollen – Kommentare haben mir diese Gespräche eingeprägt. Die Tatsache, dass sie trotz eines harten Lebens eine frohe, liebevolle Greisin war, die, ihren nahen Tod vor Augen, große Zuversicht ausstrahlte, hat mich sehr beeindruckt. Und nicht selten habe ich mich in meinem späteren Leben an einen bestimmten Satz von ihr erinnert, den ich als Jugendliche zum einen nicht hören wollte und zum anderen noch gar nicht richtig verstand, den ich aber dann in der entsprechenden Situation gut gebrauchen konnte.

Meinen Patienten, die ich in ihren Schwierigkeiten begleitet habe, ist meine Großmutter wohl vertraut, weil ich auch ihnen die Weisheiten, die ich ihr verdanke, noch weitergegeben habe. Deshalb möchte ich alle Großeltern, Großtanten oder andere lebenserfahrene Leute, die Freude an jungen Menschen haben, ermutigen: Bleiben Sie mit ihnen im Kontakt, zeigen Sie ihnen Ihre Liebe und bieten Sie auf dieser Basis Korrekturmöglichkeiten an. Alle Einzelkämpfer, die ihre Bemühungen als einen Tropfen auf den heißen Stein empfinden, möchte ich ermutigen, nicht nachzulassen und nicht aufzugeben. Mischen Sie sich ein in Diskussionen, mit Leserbriefen und Zeitungsbeiträgen!

Jesus sagte in seiner Bergpredigt nicht, dass wir von einem Tag auf den anderen Massenbewegungen ins Leben rufen sollen, sondern er gab uns den Auftrag, an der Stelle, an der wir stehen, mit dem Licht, das er uns zur Verfügung stellt, in dieser Welt etwas mehr Helligkeit zu erzeugen. Lassen Sie uns als Salz in der Welt der Fadheit (null Bock auf nix) dieser Zeit entgegenwirken! Ich möchte Ihnen sagen, dass dies das größte Geschenk Gottes an uns ist, dass wir Menschen – die wir ihn sehr enttäuscht haben, aus der Gemeinschaft mit ihm ausgebrochen sind und die wir ihn dann ans Kreuz schlugen – dennoch für würdig erachtet werden, in dieser Welt Überbringer seiner frohen Botschaft zu sein.

Ich möchte dieses Buch nun mit einem weiteren Zitat von Tobias Brocher abschließen:

Glaube ist die feste, jeden Zweifel ausschließende Zustimmung zur geoffenbarten Wahrheit Gottes aus jener Gewissheit des eigenen Willens. Es ist allein die Größe und Autorität dieses Gottes, welcher wir, auch gegen jeden Anschein, im Glauben vertrauen und der wir uns in unbedingter Hingabe unterwerfen – eine freie und sittlich bedeutsame Entscheidung des ganzen Menschen, ohne Vorbehalt, die ihn auf jedem Schritt seines Lebens begleitet. Aus dem Glauben leben bedeutet für jeden sich frei entscheidenden Menschen nicht mehr und nicht weniger als ein freies „Ja" als erste Antwort des Menschen auf die Offenbarung und den Gnadenruf des Schöpfers aller Welten.

Tobias Brocher: Zwischen Angst und Übermut, Kreuz Verlag, 1985 (S. 129)

GUTER RAT IN ALLEN LEBENSLAGEN!

Magdalene Furch:

ICH FÜHL´ MICH WOHL
IN MEINER HAUT

Ein tragendes
Selbstwertgefühl –
die Grundlage für ein
zufriedenes Leben

Selbstwertgefühl – dieses Wort ist in aller Munde, doch
was heißt es eigentlich, ein gesundes Selbstwertgefühl zu
haben? Wer bestimmt, wie wertvoll wir sind? Und wie
entwickelt man ein Selbstwertgefühl, das wirklich trägt
und nicht zerbröckelt, wenn man seine eigenen
Schwächen erkennen muß?

Die erfahrene Psychotherapeutin Magdalene Furch
verdeutlicht anhand von lebendigen Beispielen, was
passiert, wenn man sein Selbstwertgefühl auf vergäng-
lichen Dingen wie Erfolg, Aussehen oder Besitz aufbaut –
und dann den Boden unter den Füßen verliert, wenn
dieses unsichere Fundament ins Wanken gerät.

Gott sei Dank, daß es eine Instanz außerhalb unserer
begrenzten menschlichen Welt gibt, die uns ein tragendes
Selbstwertgefühl vermitteln kann: Jesus Christus.

Taschenbuch, 96 Seiten, Bestell-Nr. 815 491

GUTER RAT IN ALLEN LEBENSLAGEN!

Magdalene Furch:

IM WECHSELBAD DER GEFÜHLE

Wie lerne ich, ein
ausgeglichenes Leben
zu führen?

Wut, Angst, Kummer und Einsamkeit sind
nur einige der Gefühle, die jeder von uns kennt und die
einen mächtigen Einfluß auf unser Leben haben. Doch
wie gehen wir mit ihnen um? Lassen wir uns von ihnen
beherrschen? Wenn ja, wie können wir sie ernst nehmen
und gleichzeitig lernen, auf gesunde Weise mit ihnen
umzugehen?

Die erfahrene Psychotherapeutin Magdalene Furch zeigt
in diesem Buch anhand von vielen lebendigen Beispielen
mögliche Störungen unserer Gefühlswelt auf. Sie gibt dem
Leser Anregungen und Orientierungshilfen, wie er mit
seinen Gefühlen umgehen kann, ohne sie zu verdrängen
oder sich von ihnen überrollen zu lassen.

Grundlage für ihre Ausführungen sind dabei die hilf-
reichen und heilsamen Aussagen der Bibel.

Taschenbuch, 96 Seiten, Bestell-Nr. 815 490